¿ESPAÑOL? SÍ, GRACIAS

2

Más de 1000 palabras ilustradas, con juegos y ejercicios

University of Glasgow | Language Centre
MFL Unit

ELi

© 1991 **ELI** s.r.l. - **European Language Institute**
P.O. Box 6 - Recanati - Italia
Tel. 071/750701 - Fax 071/977851
Tercera reimpresión 1995

Impreso en Italia por Tecnostampa

Todos los derechos reservados. Esta publicación no puede ser reproducida,
ni total ni parcialmente, ni registrada en, o transmitida por,
un sistema de recuperación de información, en ninguna forma ni por ningún medio,
ya sea mecánico, fotoquímico, electrónico, magnético, electróptico,
por fotocopia o cualquier otro, sin el permiso previo de esta Editorial.

Tras el éxito que ha obtenido el primer volumen de «**¿Español? Sí, gracias**», tanto entre los profesores como entre los alumnos, ELI publica ahora este segundo volumen con el convencimiento de que será igualmente bien acogido.

Esta publicación, que ha sido preparada por un equipo de expertos en didáctica lingüística, se presenta, una vez más, como un cómodo y agradable complemento que facilita la enseñanza y la comprensión del léxico y de las estructuras gramaticales. A través de quince situaciones ilustradas se representa una serie de ambientes familiares al muchacho, que van desde el campo hasta el mar, de los deportes a las profesiones, etc…

Cada capítulo consta de una situación ilustrada a la que le siguen cuatro páginas con juegos y ejercicios de distinto tipo que prevén el uso de todas las palabras que aparecen en dicho capítulo y que, de esta manera, se memorizan mucho más fácilmente. Se alcanza así uno de los principales objetivos de la didáctica moderna, es decir, evitar la traducción pero concediendo cada vez más importancia a la visualización y al juego.

Gracias a la sencillez de la presente publicación, los alumnos la pueden utilizar también en casa, especialmente durante las vacaciones. Se trata de un práctico y agradable método para comprobar lo que cada uno ha aprendido a lo largo del curso.

El libro no presenta ningún tipo de progresión didáctica, cada capítulo es independiente de los demás de manera que el lector puede elegir el que más le apetezca según sus gustos o necesidades. Al final, en las últimas páginas están las soluciones de los juegos y el correcto desarrollo de cada uno de los ejercicios.

Una merienda en el campo	6
En la playa	12
En la montaña	18
La tienda de animales	24
La familia en casa	30
En la cocina	36
Un mercado un poco extraño	42
Paseando por la ciudad	48
Todos de viaje	54
¡Todo el mundo a trabajar!	60
En los ratos libres	66
En el jardín	72
La fiesta en el jardín	78
Navidad con música	84
Preparándonos para salir	90
Soluciones	97

UNA MERIENDA EN EL CAMPO

- el campo cultivado
- el camino
- el arbusto
- el valle
- la aldea
- el árbol
- las ramas
- el zorro
- el maletero
- el coche
- el volante
- la matrícula
- el capó
- el tronco
- los hongos
- el pájaro
- la pelota
- la hierba
- la lagartija
- las flores
- el asiento
- los faros
- el nido
- las hojas
- la puerta
- la rueda

el puente
la colina
la caña de pescar
el bosque
el lago
las vacas
la barca
la laguna
el pez
el pescador
el río
el vaso de plástico
el caballo
la radio
las sillas de campo
el termo
las servilletas
la manta
los periódicos
la mesa de campo
la nevera de campo

UNA MERIENDA EN EL CAMPO

```
S ■ D N B O I S P F R P
O U ■ I A T R A D E E E
R L C D R A V A C A Z S
A O M O C Z P O J Y M C
F L O R A O O I R A M A
A L U C I R T A M B P D
R A J O H R A D I O A O
B B N T A O E N L S O R
U A O G M A N T A Q M L
S C A L A G O G I U R M
T L A G U N A P O E E I
O O S E R V I L L E T A
```

- ☒ arbusto ↓
- ☐ barca ↓
- ☐ bosque ↓
- ☐ caballo ↑
- ☐ faros ↑
- ☐ flor →
- ☐ hoja ←
- ☐ hongo ↘
- ☐ lagartija ↗
- ☐ lago →
- ☐ laguna →
- ☐ manta →
- ☐ matrícula ←
- ☐ nido ↓
- ☐ pájaro ↖
- ☐ pescador ↓
- ☐ pez ↖
- ☐ radio →
- ☐ rama →
- ☐ río ←
- ☐ servilleta →
- ☐ termo ↑
- ☐ vaca →
- ☐ zorro ↓

* _ _ _ _ _ _ _ _   _ _ _   _ _ _ _ _
  _ _   _ _ _ _ _ _ _   _ _ _ _ _

AL AIRE LIBRE

LA VIDA DE UN ÁRBOL

Busca la frase adecuada a cada dibujo y escribe el número correspondiente en el recuadro.

A. 7   B.   C.   D.

E.   F.   G.   H.

1. Está cargado de fruta.

2. Tiene unas flores preciosas.

3. Está completamente blanco.

4. Las hojas están cambiando de color.

5. Empiezan a salir los primeros frutos.

6. Está nevando.

7. Tiene pequeñas hojas verdes. ✓

8. Las hojas se están cayendo.

EL INTRUSO

Descubre cuál es el elemento intruso de cada grupo. Las iniciales de estas palabras "extrañas" te darán la solución del enigma.

B~~O~~SQUE	RÍO	LAGO	LAGUNA
RUEDA	CAPÓ	ALDEA	ASIENTO
CABALLO	RÍO	ZORRO	PÁJARO
COLINA	TERMO	SILLA	MESA
HIERBA	FLORES	ASIENTO	HONGOS
RAMAS	TRONCO	HOJAS	SERVILLETA

*Con ellas paseamos por el lago: B _ _ _ _ _

(Papá, ¿te gusta mi cometa?)

EN LA PLAYA

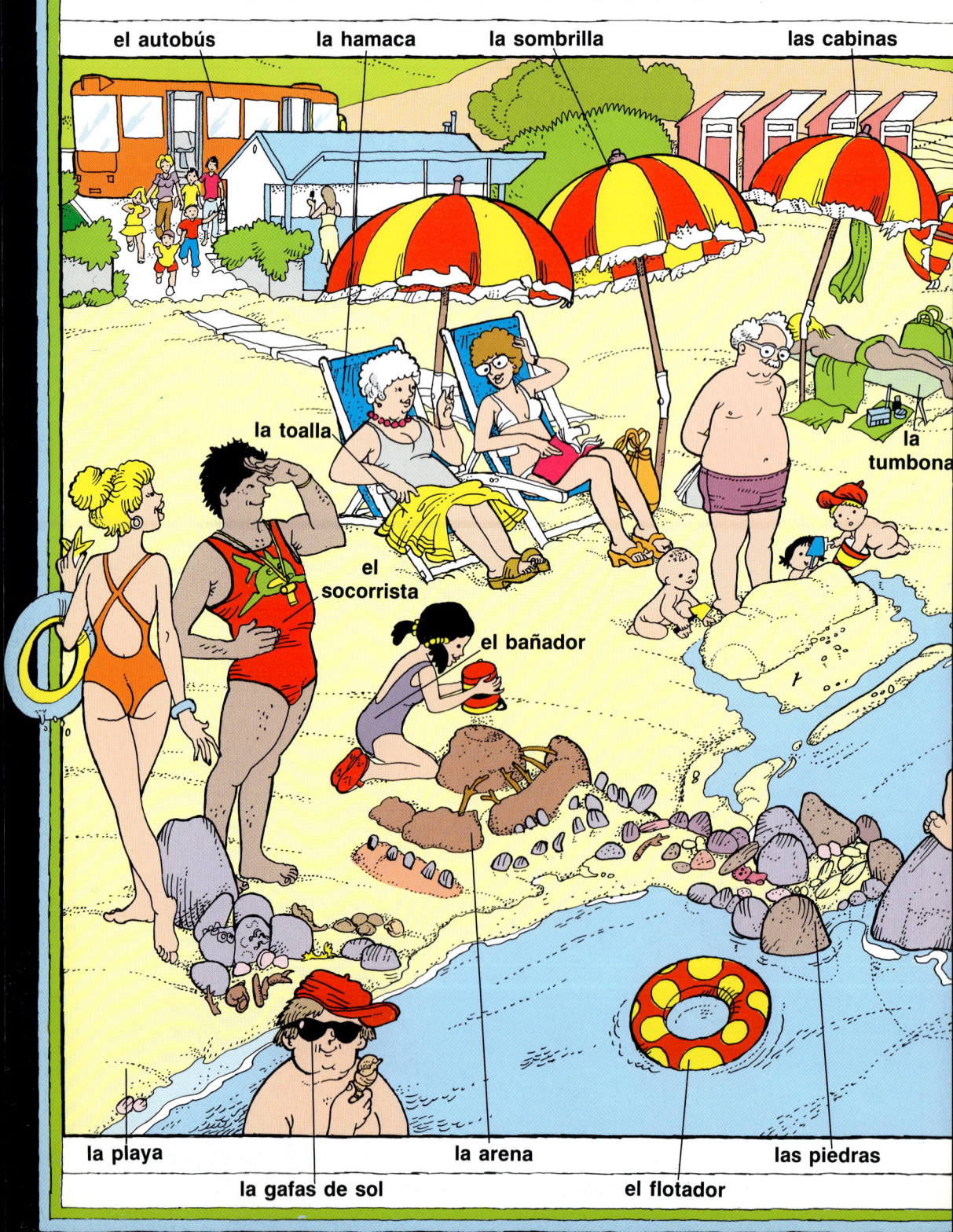

- el autobús
- la hamaca
- la sombrilla
- las cabinas
- la toalla
- el socorrista
- el bañador
- la tumbona
- la playa
- la gafas de sol
- la arena
- el flotador
- las piedras

el pinar — el faro

las olas
el gorro de baño
el bronceador
la estrella de mar
las algas
el pez
el cangrejo
las caracolas

la barca
la colchoneta
el sombrero
las aletas
las gafas de bucear

¿TIENES BUENA MEMORIA?

¿Te has fijado bien en la escena de las páginas 12 y 13? Pues entonces, di si es verdadero o falso.

	V	F
1. El socorrista no está en la playa.	☐	☒
2. Alguien está pescando.	☐	☐
3. Unos niños están jugando con el balón.	☐	☐
4. El cielo está nublado.	☐	☐
5. Hay un pez debajo de los escollos.	☐	☐
6. A lo lejos hay un faro.	☐	☐
7. Las sombrillas son amarillas.	☐	☐
8. El autobús acaba de llegar.	☐	☐
9. Hay cuatro sombrillas en la playa.	☐	☐
10. Hay un flotador en el agua.	☐	☐
11. Hay una gaviota encima de la sombrilla.	☐	☐
12. Alguien está tomando el sol.	☐	☐

LOS COLORES

Escribe junto a cada color los objetos que en el dibujo sean de ese mismo color.

BLANCO *gaviota* _____

_____

ROJO _____

_____

AMARILLO _____

_____

AZUL _____

_____

MARRÓN _____

NARANJA _____

VERDE _____

_____

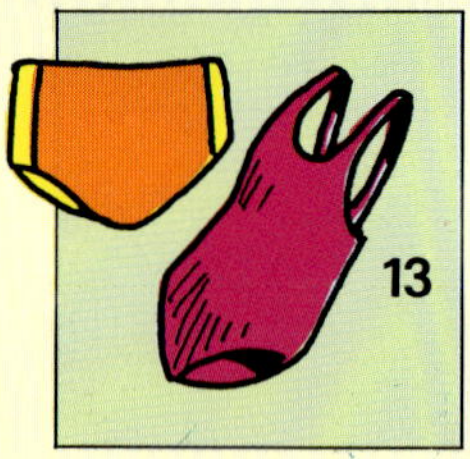

LA TIRA DE PALABRAS

Coloca en el esquema los nombres que corresponden a todos estos dibujos. Las letras que queden en gris te dirán lo que solemos hacer cuando vamos a la playa.

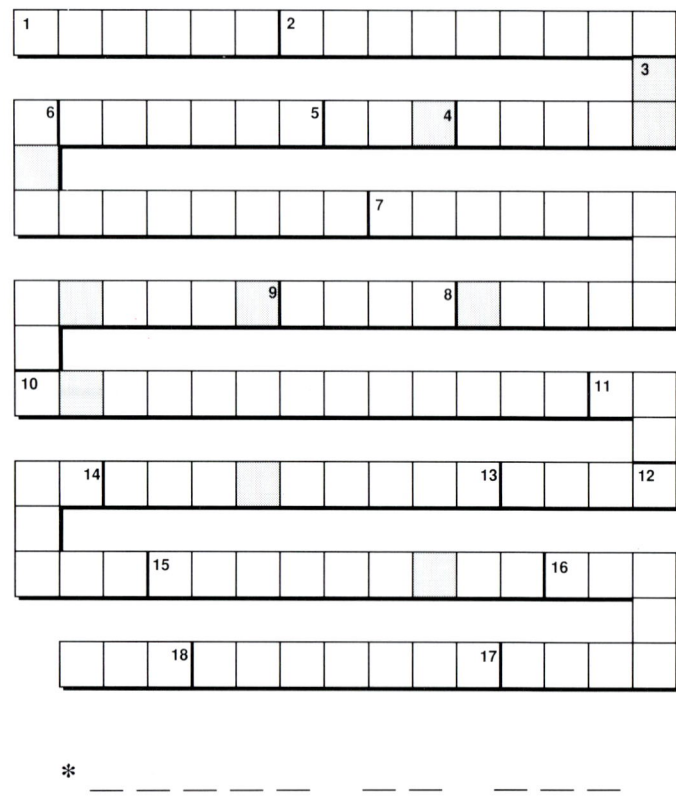

* _ _ _ _ _ _ _ _ _ _ _ _ _

EN LA PLAYA

A	B	R	O	N	C	E	A	D	O	R	L
T	L	A	C	A	N	G	R	E	J	O	S
C	U	G	E	S	O	M	B	R	E	R	O
O	F	M	A	O	A	C	A	M	A	H	L
L	L	C	B	C	R	S	Ñ	A	T	P	L
C	O	A	A	O	E	R	A	L	G	L	O
H	T	N	R	R	N	E	D	L	A	A	C
O	A	I	C	R	A	A	O	A	V	Y	S
N	D	B	A	I	P	C	R	O	I	A	E
E	O	A	L	S	E	L	O	T	O	A	O
T	R	C	D	T	Z	E	M	L	T	A	L
A	L	E	T	A	S	M	A	R	A	R	A

- ☒ aletas →
- ❏ alga ↘
- ❏ arena ↓
- ❏ barca ↓
- ❏ bañador ↓
- ❏ bronceador →
- ❏ cabina ↑
- ❏ cangrejo →
- ❏ caracola ↘
- ❏ colchoneta ↓
- ❏ escollos ↑
- ❏ flotador ↓
- ❏ gaviota ↓
- ❏ hamaca ←
- ❏ mar →
- ❏ ola ↓
- ❏ pez ↓
- ❏ playa ↓
- ❏ socorrista ↓
- ❏ sombrero →
- ❏ toalla ↑
- ❏ tumbona ↘

* __ __ __ __ __ __ __ __ __ __ __ __ __ __

EN LA MONTAÑA

el muñeco de nieve
el telesquí
el todoterreno
el hotel

los guantes
las bolas de nieve
los esquíes los bastones de esquiar el gorro
el cuervo

el pasamontañas   el refugio
la chimenea

el esquiador
las revistas
el periódico
el San Bernardo

el funicular — la montaña — la pista — las gafas — el bob — el instructor de esquí — los abetos

el trineo — la nieve — las botas — la esquiadora

la ardilla — el águila — las cartas — el bar

el ajedrez — el taburete — los dados
las damas — la barra

LAS FRASES PARTIDAS

Pon cada palabra en su sitio.

un   están   Los   haciendo   niños

Los niños están haciendo un MUÑECO DE NIEVE

esa   una    ¡Mira!   Hay   rama.   sobre

jugando   papá.   está   al     Roberto   con

mis   ?   están    ¿Dónde

está   la    calor,   encendida.   hace   Aquí

frío,   ponte   hace   los 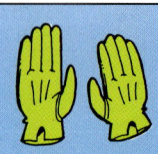   Fuera

esquiar,   el   No   que   sé   cojo   así

BUSCAPALABRAS

Busca los objetos que en los dos recuadros son idénticos, y trata de encontrar sus nombres en el tablero.

K	U	A	V	X	F	J	M	H	R	K	F	D	M	G	Z	T	R	N	T	W
Y	K	S	H	P	O	B	W	L	N	E	X	K	R	S	H	I	V	L	Q	Y
G	U	A	N	T	E	S	O	A	X	N	A	S	S	T	K	G	T	Q	O	I
N	U	B	E	U	Q	G	X	L	J	R	M	E	C	E	O	C	X	G	O	C
E	Z	C	O	N	T	N	M	V	D	V	O	N	P	P	I	G	Q	Y	D	L
P	X	B	U	D	E	T	R	I	N	E	O	O	R	U	G	U	X	K	V	O
G	X	W	B	K	K	M	L	A	D	I	O	T	Y	A	U	O	Q	M	Z	P
J	Y	S	S	G	M	L	I	X	U	X	W	S	F	N	F	Y	X	S	O	O
Q	A	W	H	D	A	B	U	H	R	Q	K	A	Y	S	E	D	L	W	E	T
E	C	Y	N	M	I	U	P	T	C	C	S	B	Q	S	R	P	H	F	W	T
H	M	J	I	D	B	U	S	Q	M	A	E	N	N	C	L	K	B	D	S	T
G	Z	N	K	F	Q	G	L	U	D	I	B	S	K	O	K	T	F	Q	A	S

21

CRUCIGRAMA

CADA UNO EN SU SITIO

☒ águila ☐ ajedrez ☐ ardilla
☐ bar ☐ barra ☐ cartas ☐ cuervos
☐ dados ☐ damas ☐ esquiador ☐ chimenea
☐ montaña ☐ muñeco de nieve ☐ San Bernardo
☐ nieve ☐ taburete

EN EL REFUGIO

AL AIRE LIBRE

ANIMALES

águila

JUEGOS

LA TIENDA DE ANIMALES

- el cepillo
- las tortugas
- los canarios
- el cuenco
- el alpiste
- el hámster
- la serpiente
- la cacatúa
- el escaparate
- el acuario
- la jaula
- la oca
- la cesta
- el bozal
- la correa
- el perro
- el cachorro
- el collar

el mono | el pájaro | la perrera | el gatito | el veterinario | el vendedor | el gato | el papagallo | la comida | galápago/la tortuga | los periquitos | la pecera | los peces de colores | el conejo

EN ESTA PÁGINA HAY 20 PERROS. ¿LOS VES?

EL CONCURSO CANINO

Observa estas dos viñetas y descubre qué falta en la segunda.

- el c u e n c o
- la _ _ _ _ t _
- el _ _ _ h _
- la c _ _ _ _ _
- el _ _ z _ _

- el _ _ _ _ _ r
- la _ e _ _ _ _ _
- el _ _ _ ñ _
- el p _ _ _ _
- el _ _ p _

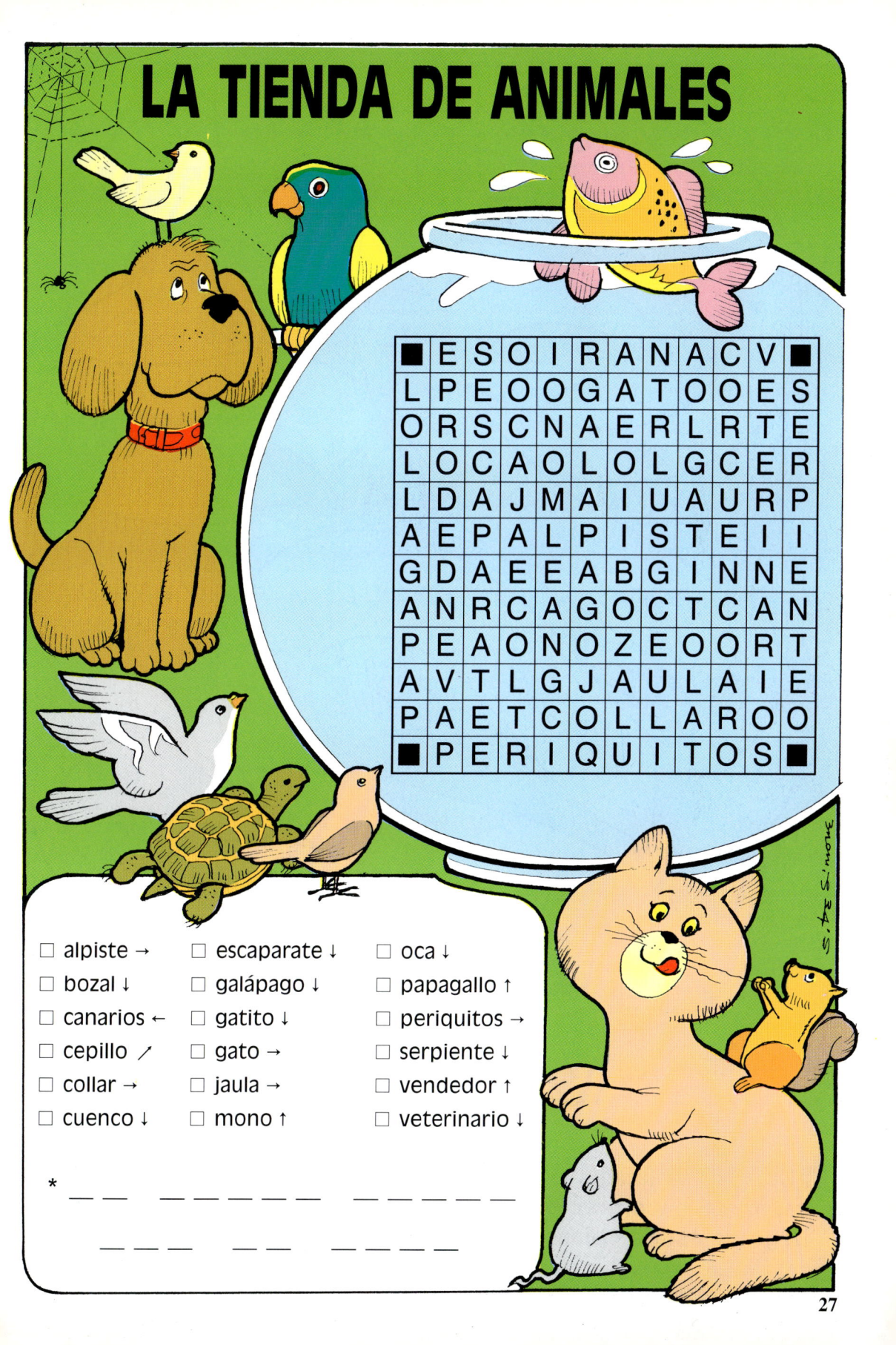

LA TIENDA DE ANIMALES

```
■ E S O I R A N A C V ■
L P E O O G A T O O E S
O R S C N A E R L R T E
L O C A O L O L G C E R
L D A J M A I U A U R P
A E P A L P I S T E I I
G D A E E A B G I N N E
A N R C A G O C T C A N
P E A O N O Z E O O R T
A V T L G J A U L A I E
P A E T C O L L A R O O
■ P E R I Q U I T O S ■
```

- ☐ alpiste →
- ☐ bozal ↓
- ☐ canarios ←
- ☐ cepillo ╱
- ☐ collar →
- ☐ cuenco ↓
- ☐ escaparate ↓
- ☐ galápago ↓
- ☐ gatito ↓
- ☐ gato →
- ☐ jaula →
- ☐ mono ↑
- ☐ oca ↓
- ☐ papagallo ↑
- ☐ periquitos →
- ☐ serpiente ↓
- ☐ vendedor ↑
- ☐ veterinario ↓

* __ __ __ __ __ __ __ __ __ __

__ __ __ __ __ __ __ __

27

KAA

SERPIENTEPERROTOPOTUGAGONEJOPAPAGALLOGATOPATAPAROMOCACATUAPERIQUITOHAMSTERCANARIO

¿Cuántos anímales eres capaz de encontrar a lo largo de esta serpiente?

RAZONAMOS

Leyendo las frases y relacionandolas descubrirás cuál es el ánimal de cada uno.

	María	Pablo	Marco	Carmen
gato				
perro				
loro				
cacatúa				

El animal de María no tiene plumas.

El animal de Carmen no tiene collar.

Ni Pablo ni Marco tienen un gato.

El animal de Pablo no sabe hablar pero los de Marco y Manolo sí.

El animal de Carmen es blanco.

LA FAMILIA EN CASA

- los tazones
- el plato
- el hornillo
- la taza
- el plato pequeño
- el cuchillo
- el tenedor
- la cuchara
- la cucharilla

LA COCINA

- el tostador de pan
- el hervidor eléctrico
- el sofá
- el sillón
- el televisor
- el tocadiscos

- la cacerola
- la tapadera
- el fregadero
- el frigorí[fico]
- la tetera
- el horno
- el mantel
- la mesa
- la servilleta
- la silla
- la bati[dora]

EL CUARTO DE ESTAR

- la librería
- la lámpara
- el cuadro
- el reloj
- el suelo
- el padre
- la madre
- la hija
- la alfombra
- la lampara

- el tejado
- la chimenea
- la puerta
- la ventana
- el balcón
- las escaleras
- la cortina
- el garaje
- el coche
- el césped
- el banco
- el jardín
- el perro
- el abuelo
- el gato
- el hijo
- la abuela
- los peces de colores
- la pecera

CARLOS ESTÁ...

Escribe debajo de cada viñeta, dónde está Carlos.
- ☐ balcón
- ☐ cocina
- ☒ cuarto de baño
- ☐ cuarto de estar
- ☐ dormitorio
- ☐ garaje
- ☐ jardín
- ☐ tejado

En el cuarto de baño

En el ....

En el ....

En la ....

En el ....

En el ....

En el ....

En el ....

¡QUÉ LÍO DE LETRAS!

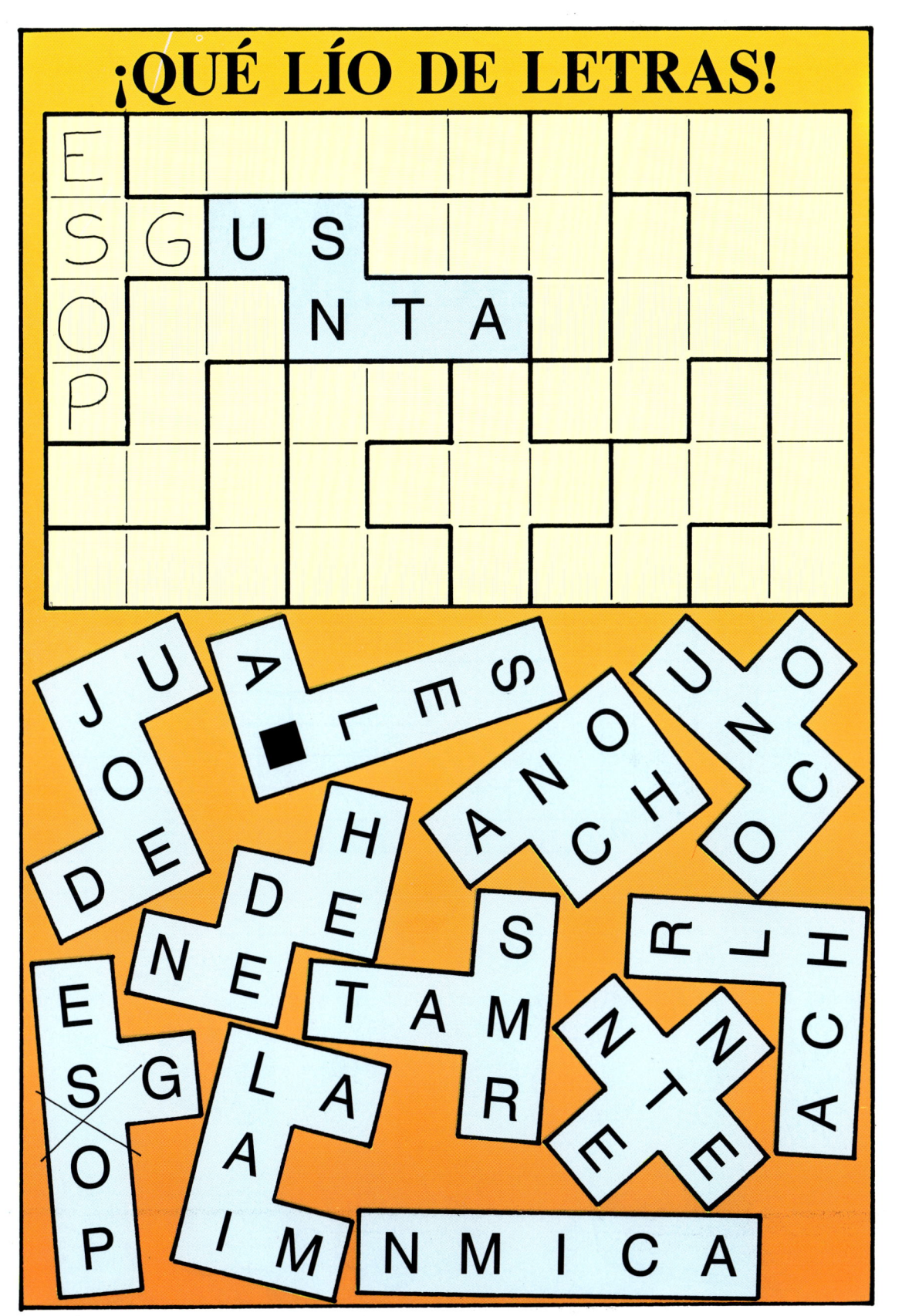

CRUCIGRAMA SENCILLO

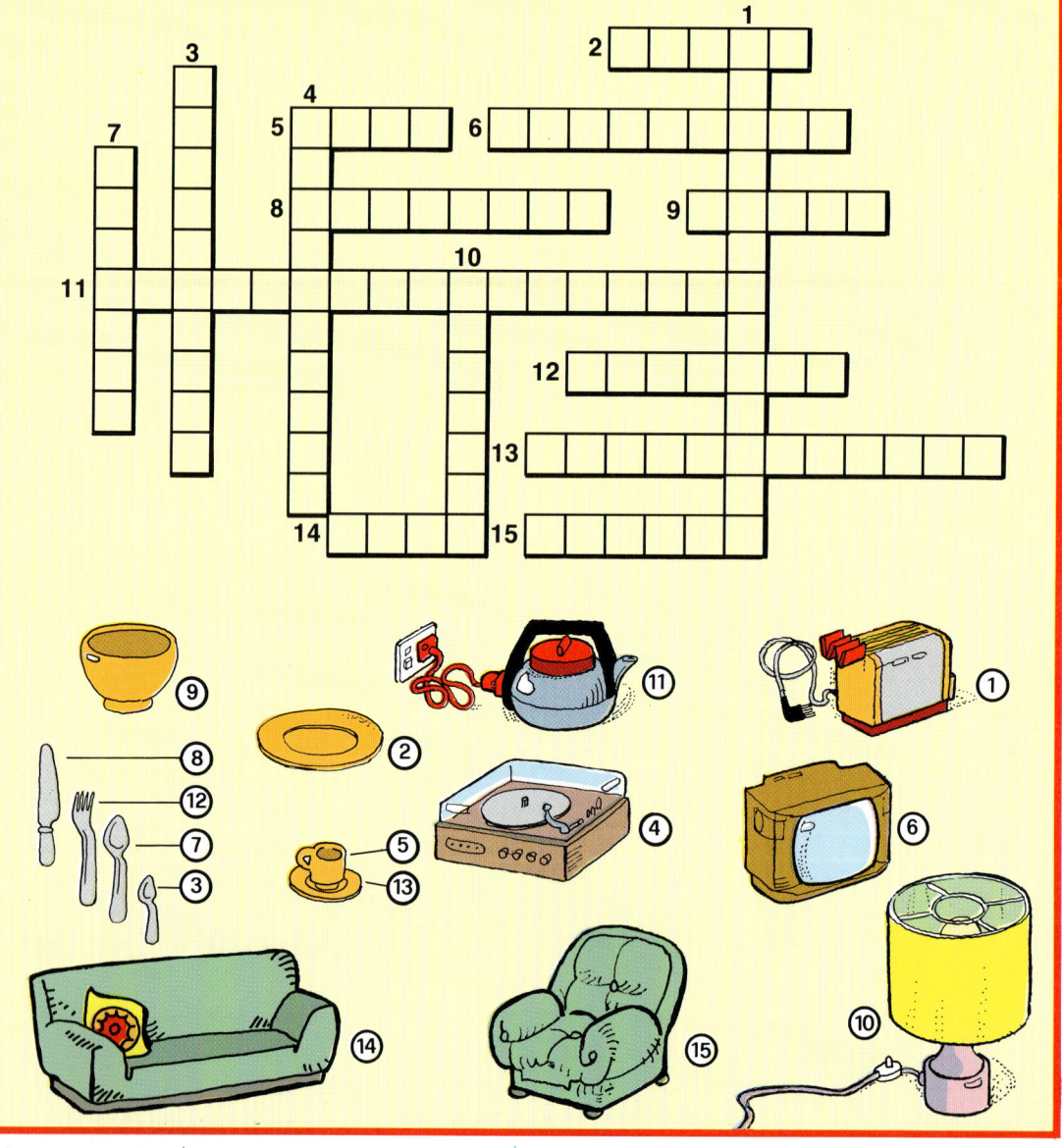

CADA UNO EN SU SITIO

☒ alfombra ☐ banco ☐ césped
☐ chimenea ☐ coche ☐ cuadro ☐ fregadero
☐ frigorífico ☐ horno ☐ perro ☐ puerta
☐ sillón ☐ sofá ☐ tejado
☐ tenedor ☐ ventana

LA CASA

EN EL JARDÍN

EN LA COCINA

EN EL SALÓN

alfombra

EN LA COCINA

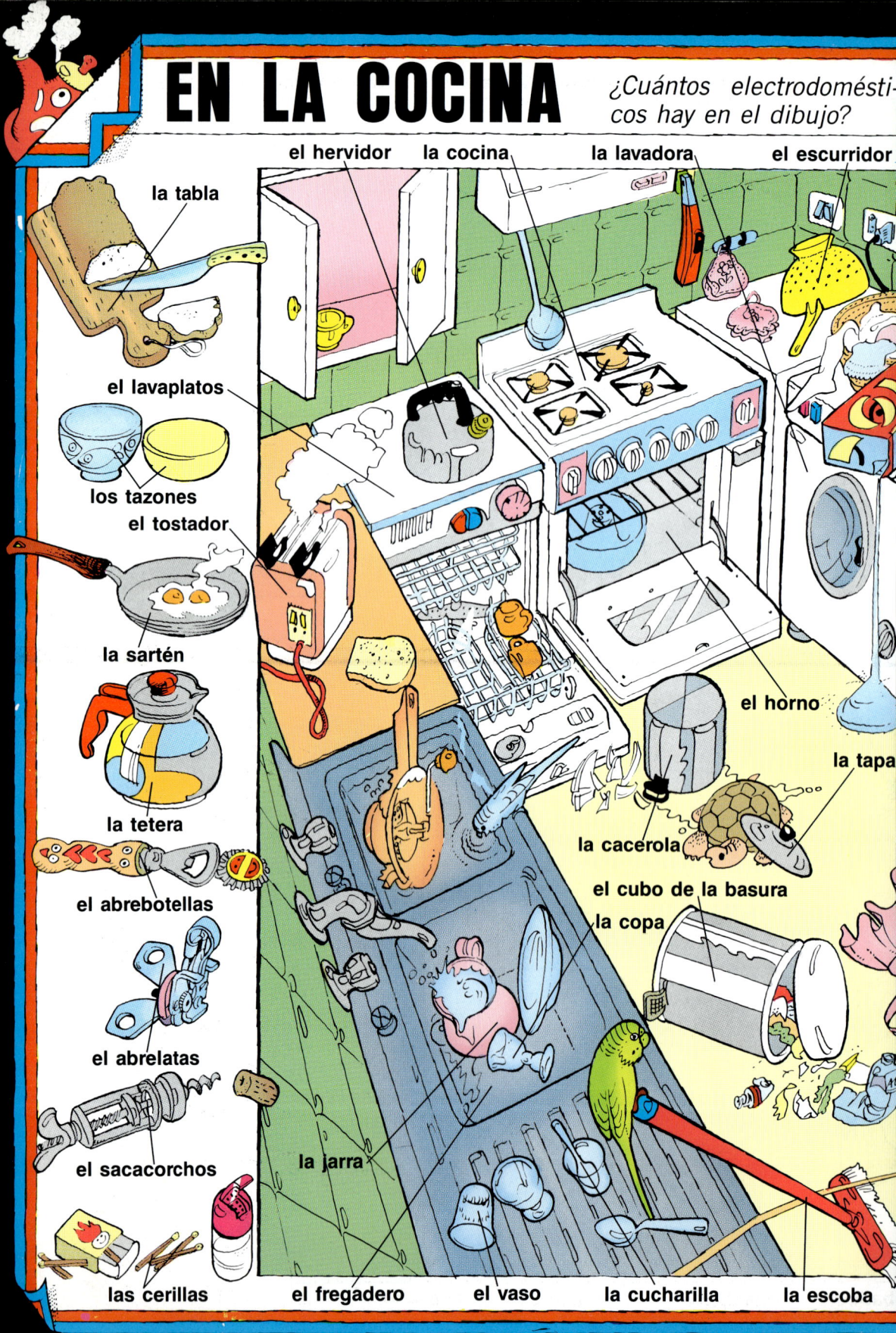

¿Cuántos electrodomésticos hay en el dibujo?

- el hervidor
- la cocina
- la lavadora
- el escurridor
- la tabla
- el lavaplatos
- los tazones
- el tostador
- la sartén
- la tetera
- el abrebotellas
- el abrelatas
- el sacacorchos
- la cacerola
- el cubo de la basura
- la copa
- el horno
- la tapa
- las cerillas
- el fregadero
- el vaso
- la cucharilla
- la escoba
- la jarra

- el reloj
- el frigorífico/la nevera
- el armario
- la balanza
- la botella
- el bote
- el aspirador
- el mandil
- la plancha
- el plato pequeño
- la taza
- la silla
- el plato
- el exprimidor
- batidora
- las tijeras
- el tenedor
- el cuchillo
- la cuchara

UNO DESPUÉS DEL OTRO

Coloca en el esquema los nombres de los objetos. Las letras rodeadas con un círculo forman el nombre de la parte superior del frigorífico, la más fría.

*_ _ _   _ _ _ G _ _ _ _ _ _

¡VAYA UN DESORDEN!

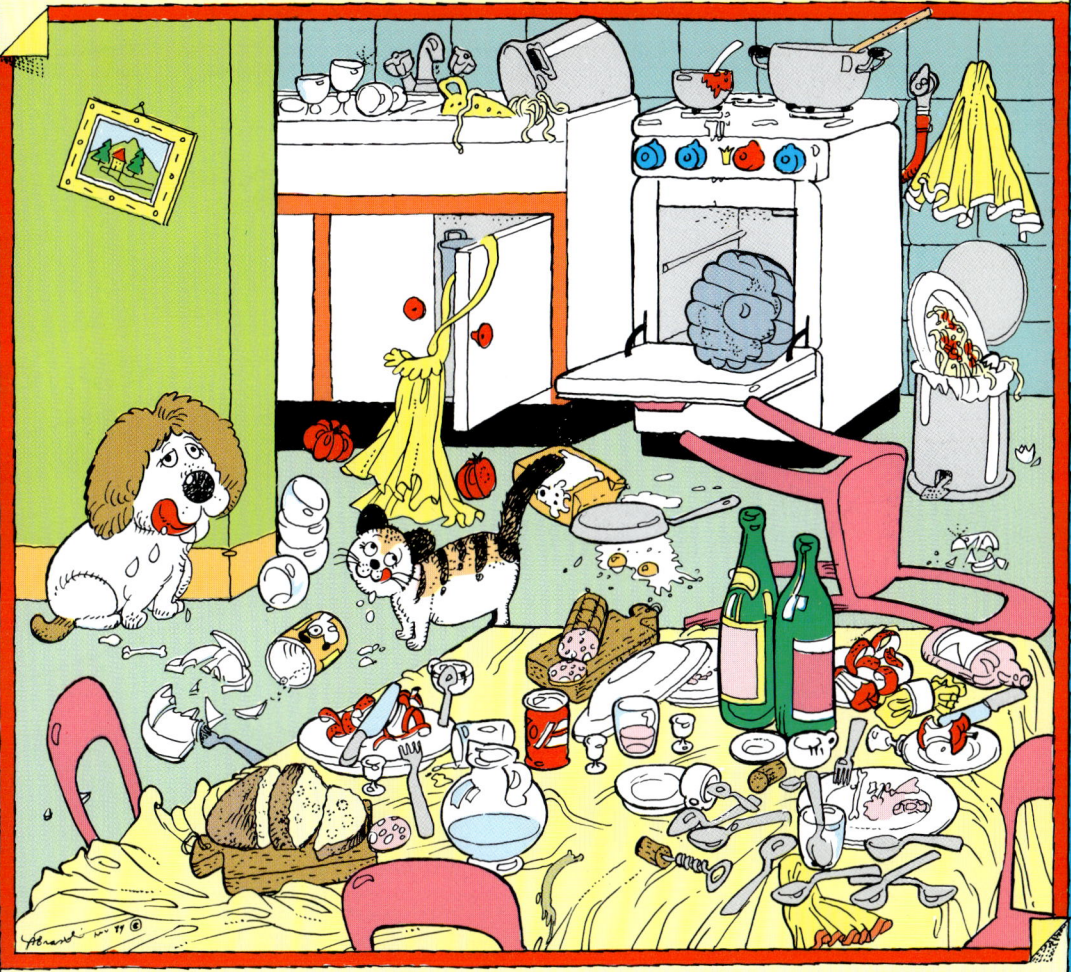

Observa atentamente este dibujo y responde sí o no a las preguntas.

	SÍ	NO
1. ¿Han lavado los platos?	☐	☒
2. ¿Han cocinado?	☐	☐
3. ¿Han pelado una manzana?	☐	☐
4. ¿Han usado el horno?	☐	☐
5. ¿Han usado la batidora?	☐	☐
6. ¿Han usado la tabla?	☐	☐
7. ¿Han usado el exprimidor?	☐	☐
8. ¿Han usado el escurridor?	☐	☐
9. ¿Hay cuchillos sobre la mesa?	☐	☐
10. ¿Hay un par de tijeras?	☐	☐
11. ¿Han usado el tostador?	☐	☐

¿QUÉ FALTA?

A) .... B) .... C) ....
D) .... E) ....

¡ES LA HORA DE COMER TAMBIÉN PARA ELLOS!

Con la ayuda de las letras escritas en los espacios, debajo de cada animal, completa el nombre de la comida que cada uno de ellos prefiere.

M _ _ L   P _ _ _ _ O   Z _ _ _ _ _ _ A   Q _ _ _ O

CRUCIGRAMA

1. Sirve para abrir una botella de vino.
2. Son de cristal y las hay de vino, de agua, etc...
3. Si no la tienes no puedes hacer huevos fritos.
4. Se usa para cortar.
5. Es como un vaso pero con pata.
6. Se usa para beber.
7. Es ideal para hacer y servir el té
8. Lo usas para hacer zumos de limón o de naranja.
9. Cortan la carne pero también el papel o la tela.
10. Con ella tomamos la sopa.
11. Con ella tapamos la cacerola.
12. Sirve para hacer tostadas.

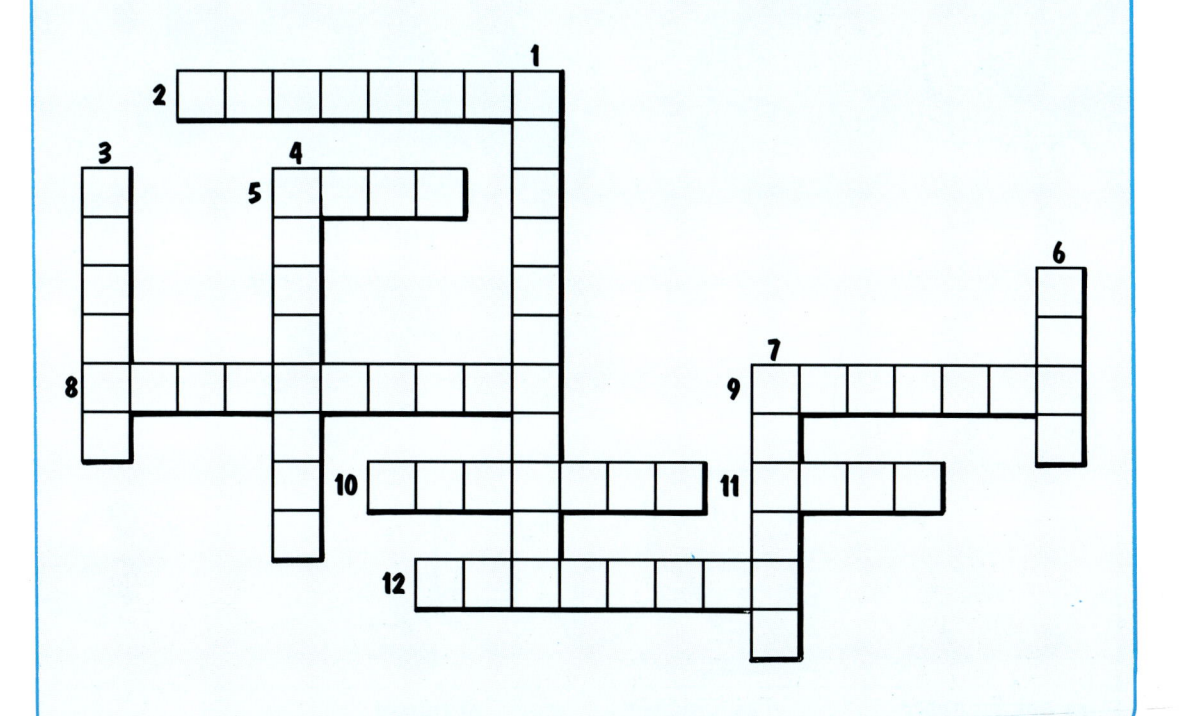

UN MERCADO UN POCO EXTRAÑO

LA FRUTA
- los plátanos
- las manzanas
- las peras
- las naranjas
- las cerezas
- las fresas

LA VERDURA
- la lechuga
- los tomates
- las patatas
- las zanahorias
- la col
- las judías verdes

CARNICERÍA

FRUTERÍA

las salchichas   el salchichón   el queso

PESCADERÍA

el pescado

la balanza

la carne

FLORISTERÍA

la rosa el tulipán el clavel la margarita

LAS PALABRAS PARTIDAS

Junta los trozos correctamente y descubre de qué palabras se trata.

BALANZA

CADA UNO EN SU SITIO

☒ carnicería ☐ cerezas ☐ clavel
☐ floristería ☐ fresas ☐ frutería ☐ judías verdes
☐ lechuga ☐ margarita ☐ naranjas ☐ patatas
☐ pescadería ☐ plátanos ☐ rosa
☐ tomates ☐ tulipán

FLORES

FRUTA

VERDURA

TIENDAS

carnicería

UN MERCADO UN POCO EXTRAÑO

```
R N L A A I R E T U R F
O A T U L I P A N F R L
S R U L E C H U G A T O
A A I R E D A C S E P R
B N M A R G A R I T A I
A J A C L A V E L A C S
L A N F R E S A A M O T
A Z E R E C E S O L E N
N S A R E P A T A T A R
Z A N A H O R I A A L I
A U A S A L C H I C H A
D N O H C I H C L A S ■
```

- ☒ balanza ↓
- ☐ cereza ←
- ☐ clavel →
- ☐ col ↓
- ☐ floristería ↓
- ☐ fresa →
- ☐ frutería ←
- ☐ lechuga →
- ☐ manzana ↓
- ☐ margarita →
- ☐ naranja ↓
- ☐ patata →
- ☐ pera ←
- ☐ pescadería ←
- ☐ rosa ↓
- ☐ salchicha →
- ☐ salchichón ←
- ☐ tomate ↑
- ☐ tulipán →
- ☐ zanahoria →

* __ __ __   __ __ __ __ __ __   __ __ __   __ __ __ __ __

CRUCIGRAMA ILUSTRADO

PASEANDO POR LA CIUDAD

- la calle
- las casas
- los edificios
- la escuela
- el cine
- las tiendas
- la estación de servicio
- el mercado público
- la torre
- la plaza
- la iglesia
- el bar
- la farola
- la escalinata

- el ayuntamiento
- el rascacielos
- el castillo
- el monumento
- el hospital
- el banco
- la oficina de correos
- la fuente
- la fábrica
- el aparcamiento
- el restaurante
- el supermercado

LA FRASE PARTIDA

Reconstruye las frases con la ayuda de los dibujos.

coge el　　Para ir　　al cine,

(1) Para ir al cine, coge el METRO.

Esta tarde　　hay una película　　¡Vamos! muy buena.　　al

(2) ___

la compra.　　al　　Yo siempre voy　　a hacer

(3) ___

en el　　una mesa　　Vamos a reservar

(4) ___

cerca del museo.　　La　　está　　de Nuria

(5) ___

delante de la　　me espera　　Héctor

(6) ___

una fuente.　　Justo en frente　　del hay

(7) ___

50

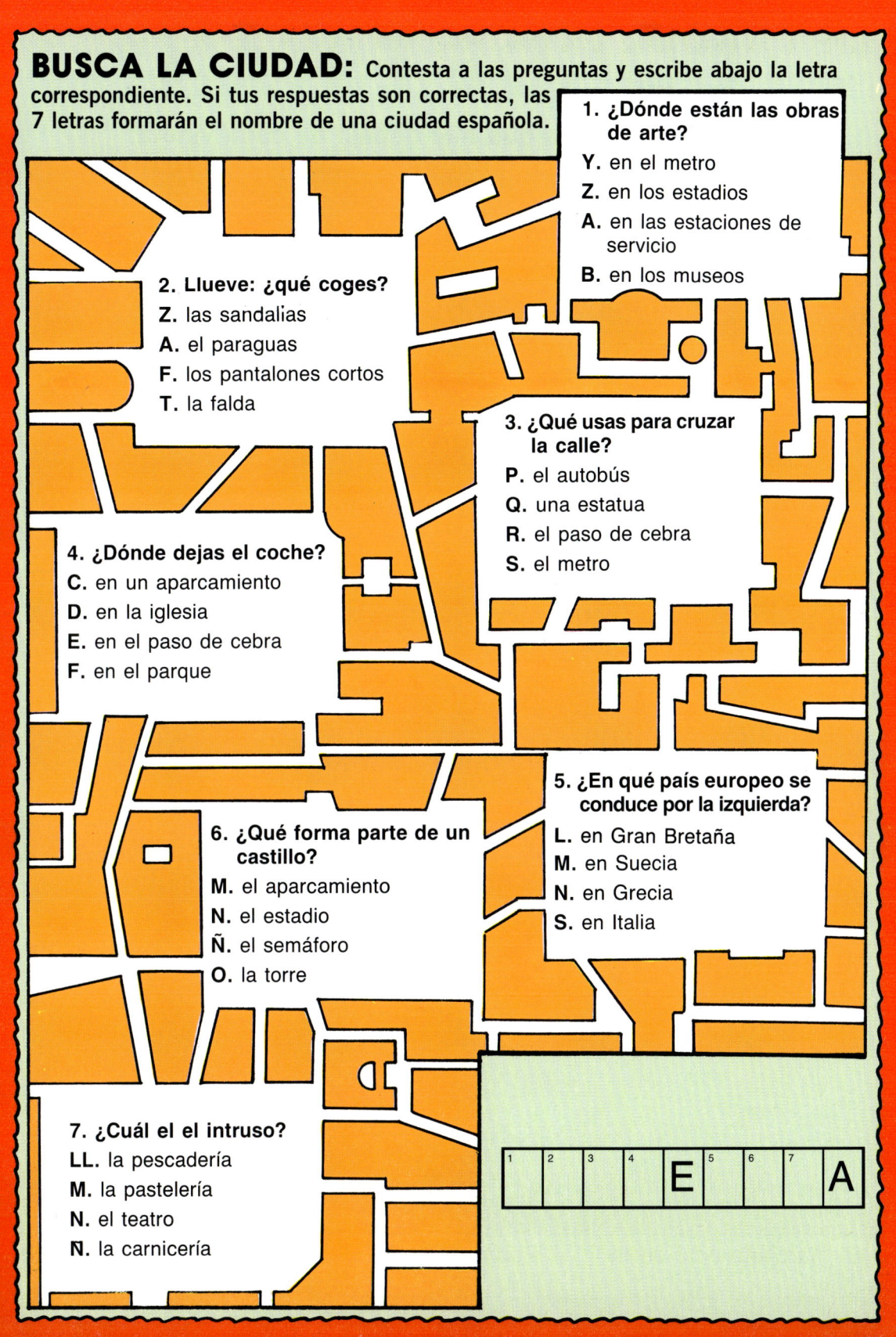

BUSCA LA CIUDAD: Contesta a las preguntas y escribe abajo la letra correspondiente. Si tus respuestas son correctas, las 7 letras formarán el nombre de una ciudad española.

1. ¿Dónde están las obras de arte?
- Y. en el metro
- Z. en los estadios
- A. en las estaciones de servicio
- B. en los museos

2. Llueve: ¿qué coges?
- Z. las sandalias
- A. el paraguas
- F. los pantalones cortos
- T. la falda

3. ¿Qué usas para cruzar la calle?
- P. el autobús
- Q. una estatua
- R. el paso de cebra
- S. el metro

4. ¿Dónde dejas el coche?
- C. en un aparcamiento
- D. en la iglesia
- E. en el paso de cebra
- F. en el parque

5. ¿En qué país europeo se conduce por la izquierda?
- L. en Gran Bretaña
- M. en Suecia
- N. en Grecia
- S. en Italia

6. ¿Qué forma parte de un castillo?
- M. el aparcamiento
- N. el estadio
- Ñ. el semáforo
- O. la torre

7. ¿Cuál el el intruso?
- LL. la pescadería
- M. la pastelería
- N. el teatro
- N. la carnicería

1	2	3	4	5	6	7
			E			A

51

¿DÓNDE ESTÁN?

Completa la frase que hay debajo de cada viñeta.

Marcos está en la ESCUELA

Lucía y Juan están en el ......

Paulina y Luisa están en el ......

Ana está en su ......

Hugo, Lucas y María están en el ......

Hay un ladrón en el ......

El marciano está en la ......

Pedro está en la ......

El señor Pérez está en la ......

IMÁGENES DE LA CIUDAD

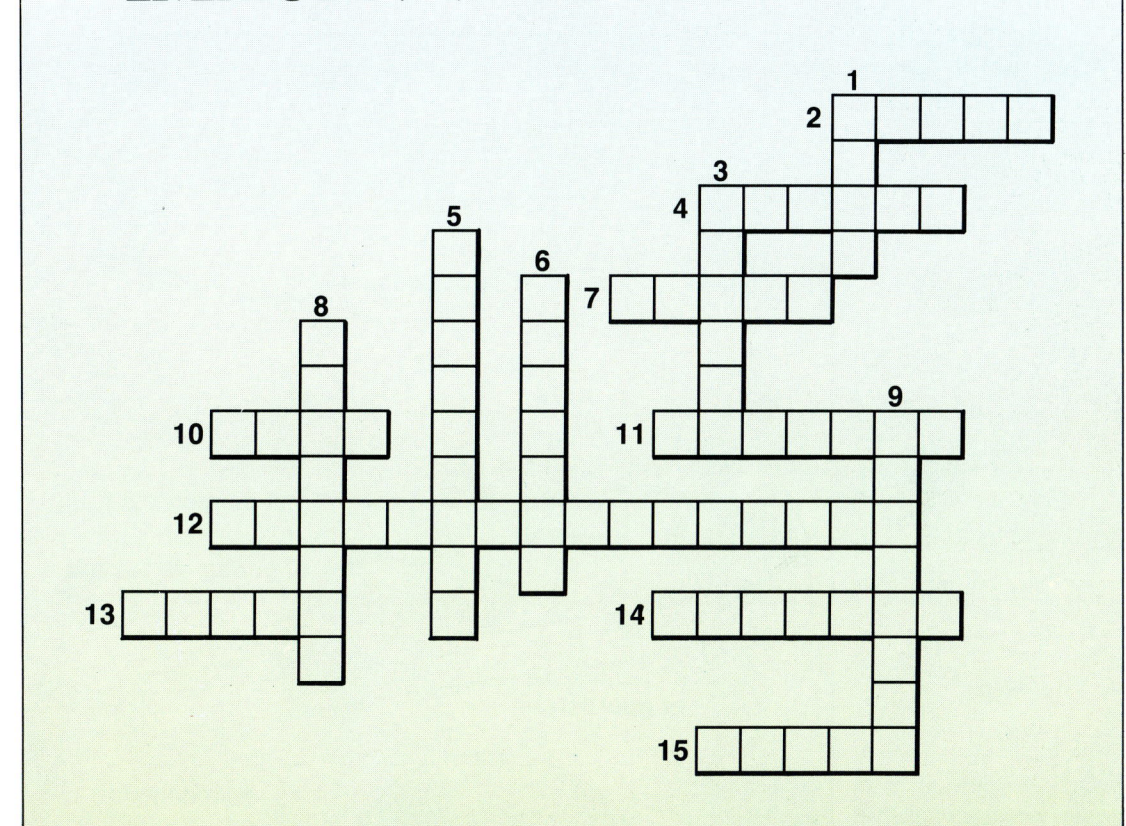

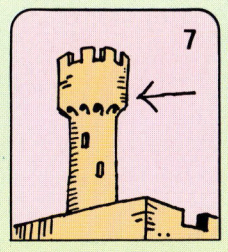

TODOS DE VIAJE

- el todoterreno
- la autopista
- el camión
- la grúa
- el cámper
- la ambulancia
- el camión cisterna
- el coche de la policía
- el guardarraíl
- el túnel
- el semáforo
- el cartel indicador
- el autobús
- el accidente
- la roulotte
- el conductor
- el mapa de carreteras
- el taxi
- el paso de cebra
- el motor
- el coche

área de descanso | el empleado de la gasolinera | el surtidor | la estación de servicio

la curva | la bicicleta

la señal de tráfico

la carretera

el tractor

el camión de bomberos

autoestopista | el motorista | el autobús | la moto

el carril de emergencia

el coche de carreras

guardia | la motocicleta | el casco | la furgoneta

¿TIENES BUENA MEMORIA?

¿Te has fijado bien en la escena de las páginas 54 y 55? Pues entonces di si es verdadero o falso.

	V	F
1. La motocicleta es roja	☐	☒
2. Una grúa está trabajando	☐	☐
3. Se ha producido un accidente	☐	☐
4. No hay señales en la carretera	☐	☐
5. Hay un autoestopista en la carretera	☐	☐
6. La chica de la motocicleta no lleva el casco	☐	☐
7. La estación de servicio está cerrada	☐	☐
8. Está llegando el coche de la policía	☐	☐
9. Un señor está mirando un mapa de carreteras	☐	☐
10. Hay un tractor dentro del túnel	☐	☐
11. Hay un coche parado en el área de descanso	☐	☐
12. El autobús es naranja	☐	☐

¿QUÉ TAL MEMORIA TIENES?

Busca en el esquema los nombres de los 15 medios de transporte que están numerados en el dibujo y resuelve el crucigrama.

LA PALABRA QUE FALTA

Completa estas frases con la palabra adecuada.

1. Hay un incendio: ¡Llamad a los ....bomberos............!

2. El .... está rojo: tienes que pararte.

3. El motorista tiene que llevar el ....

4. Estamos de vacaciones: engancha la .... al coche.

5. Ese señor está mal: ¡llamad una ....!

6. Necesito gasolina: ¿dónde está la ....

7. Ve despacio, hay una .... peligrosa.

8. Tienes que cruzar la calle por el ....

9. Ha habido un accidente: ¡llamad a la ....!

10. El .... dirige el tráfico.

11. En el .... tienes que encender los faros.

12. ¡Nuestro .... tiene un fallo en el motor!

EL MENSAJE SECRETO. El agente BMW manda un mensaje en clave. ¿Qué es lo que dice? Para descifrarlo tienes que sustituir los números por letras según la clave.

CLAVE
1 - W
2 - O
3 - P
4 - Q
5 - R
6 - S
7 - T
8 - U
9 - V
10 - X
11 - Y
12 - Z
13 - A
14 - B
15 - C
16 - D
17 - E
18 - F
19 - G
20 - H
21 - I
22 - J
23 - K
24 - L
25 - M
26 - N

~~13.4.8.21~~ - 17.24 - 13.19.17.26.7.17 - 6.17.15.5.17.7.2 - 14.25.1 - 17.6.7.2.11 - 6.21.19.8.21.17.26.16.2 - 8.26.13 - 25.2.7.2 - 5.2.22.13 - 4.8.17 - 17.6.7.13 - 6.21.19.8.21.17.26.16.2 - 8.26 - 15.2.15.20.17 - 13.12.8.24 - 4.8.17 - 17.6.7.13 - 6.21.19.8.21.17.26.16.2 - 8.26.13 - 18.8.5.19.2.26.17.7.13 - 9.17.5.16.17 - 11 - 8.26 - 13.8.7.2.14.8.6 - 13.25.13.5.21.24.24.2 - 25.17 - 17.6.7.13 - 6.21.19.8.21.17.26.16.2 - 13 - 25.21

Aquí ....
....
....
....
....

¡TODO EL MUNDO A TRABAJAR!

el cartero — el conductor — el taxista

el fontanero — el obrero — el encargado de la gasolinera — el mecánico

la médico — la peluquera

el dentista — el veterinario — el agricultor — la música

el peluquero	el policía	el maestro	el ingeniero
el bombero	el cocinero	el camarero	el fotógrafo
secretaria	la vendedora de periódicos		el comerciante
la modista	el piloto	la estudiante	el ama de casa

CADA UNO A LO SUYO

Según su significado, relaciona las palabras de las dos columnas.

a) la vendedora de periódicos —— 10. el periódico

b) el cocinero

c) la modista

d) el conductor

e) el agricultor

f) la peluquera

g) el comerciante

h) la música

i) el fotógrafo

j) el piloto

k) el cartero

l) la secretaria

m) el maestro

n) el veterinario

ñ) el camarero

1. el avión

2. la pizarra

3. el autobús

4. la máquina de fotos

5. el cepillo

6. el violín

7. la aguja

8. la cacerola

9. la caja

10. el periódico

11. la jeringuilla

12. el tractor

13. la bandeja

14. la carta

15. el teléfono

ELLOS TRABAJAN, NOSOTROS JUGAMOS

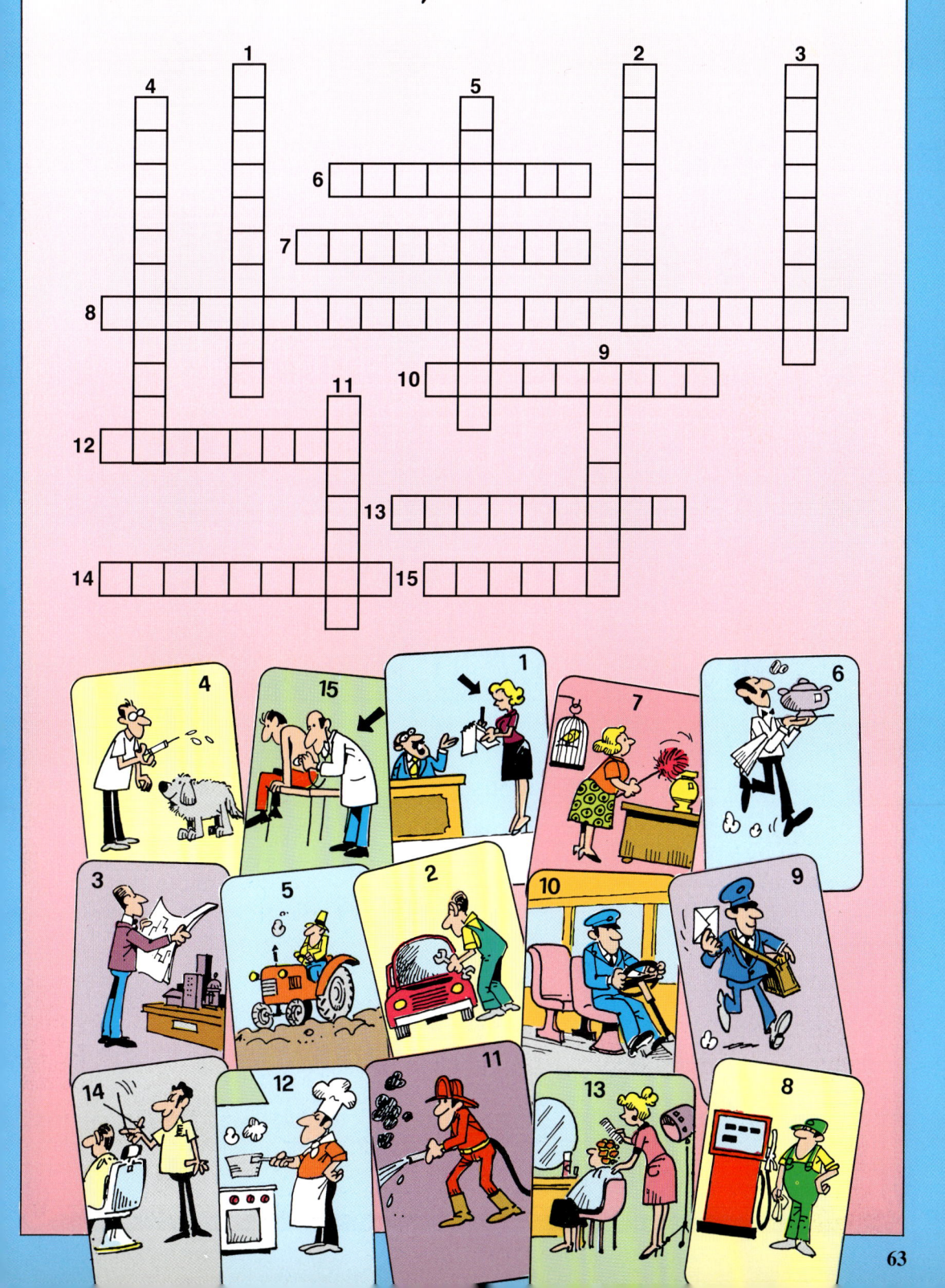

¡TODO EL MUNDO A TRABAJAR!

```
E O T M O D I S T A O D
S R C O C I N E R O O E
T E O R E R A M A C O S
U B N O B R E R O I F E
D R D L M U N D O N A C
I A U A T R A B A A R R
A B C O R E T R A C G E
N A T S I T N E D E O T
T J O P I L O T O M T A
E A R E U Q L E P O R
A R O R E N A T N O F I
■ A G R I C U L T O R A
```

- ☒ agricultor →
- ☐ barbero ↑
- ☐ camarero ←
- ☐ cartero ←
- ☐ cocinero →
- ☐ conductor ↓
- ☐ dentista ←
- ☐ estudiante ↓
- ☐ fontanero ←
- ☐ fotógrafo ↑
- ☐ mecánico ↑
- ☐ modista →
- ☐ obrero →
- ☐ peluquera ←
- ☐ piloto →
- ☐ secretaria ↓

* _ _ _ _ _ _ _ _ _ _ _ _ _ _ _ _ _ _ _ _

¡SOCORRO!
¿QUIÉN ME AYUDA?

Observa estas viñetas y escribe «a quién necesitan».

1. al mecánico

EN LOS RATOS LIBRES

descansar — tocar un instrumento — pintar

coleccionar cromos

cuidar animales

hacer miniaturas

escribir

hacer punto

observar los pájaros

coleccionar sellos

ver la televisión — jugar a las cartas — jugar al ajedrez

correr

montar a caballo

jugar al voleibol

patinar

jugar al fútbol

jugar al tenis

esquiar

nadar

dibujar

leer

montar en bicicleta

hacer fotografías

¿QUÉ PODEMOS HACER EN LOS RATOS LIBRES?

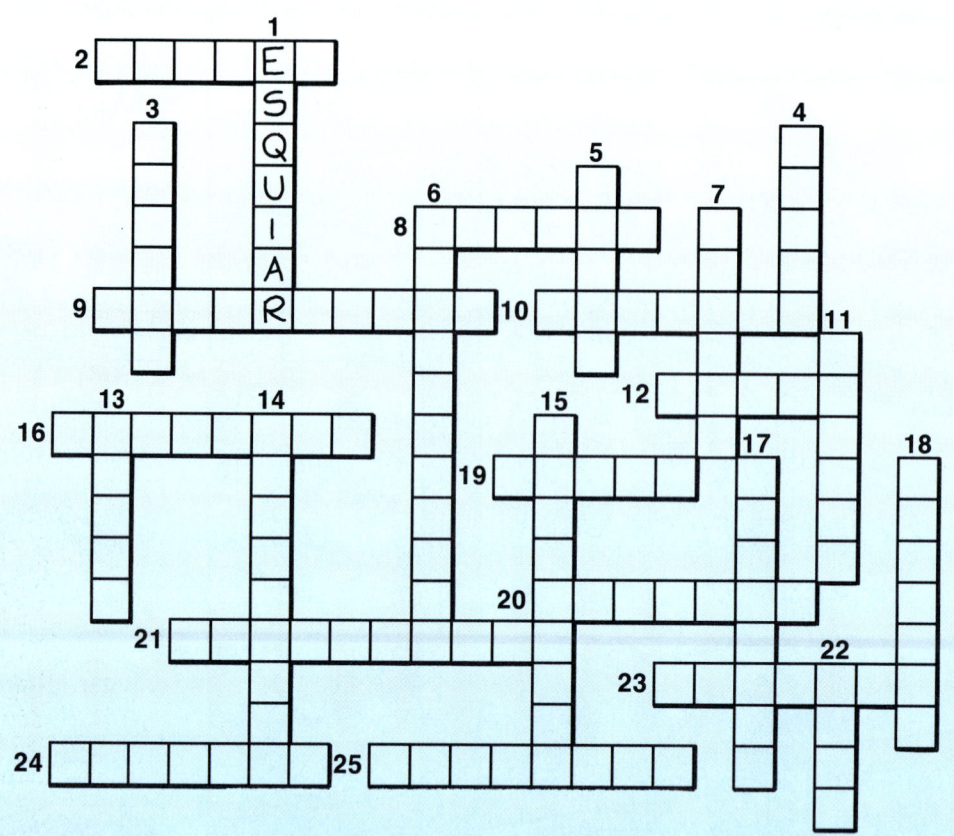

4 LETRAS
☐ leer

5 LETRAS
☐ nadar ☐ sello ☐ jugar ☐ tenis
☐ tocar

6 LETRAS
☐ correr ☐ pintar ☐ fútbol ☐ cromos
☐ cartas

7 LETRAS
☒ esquiar ☐ dibujar ☐ patinar
☐ caballo ☐ ajedrez ☐ pájaros

8 LETRAS
☐ voleibol ☐ escribir ☐ observar

9 LETRAS
☐ descansar ☐ bicicleta

10 LETRAS
☐ televisión ☐ hacer punto

11 LETRAS
☐ fotografías

LOS MIMOS ¿Qué hace cada uno de estos personajes?

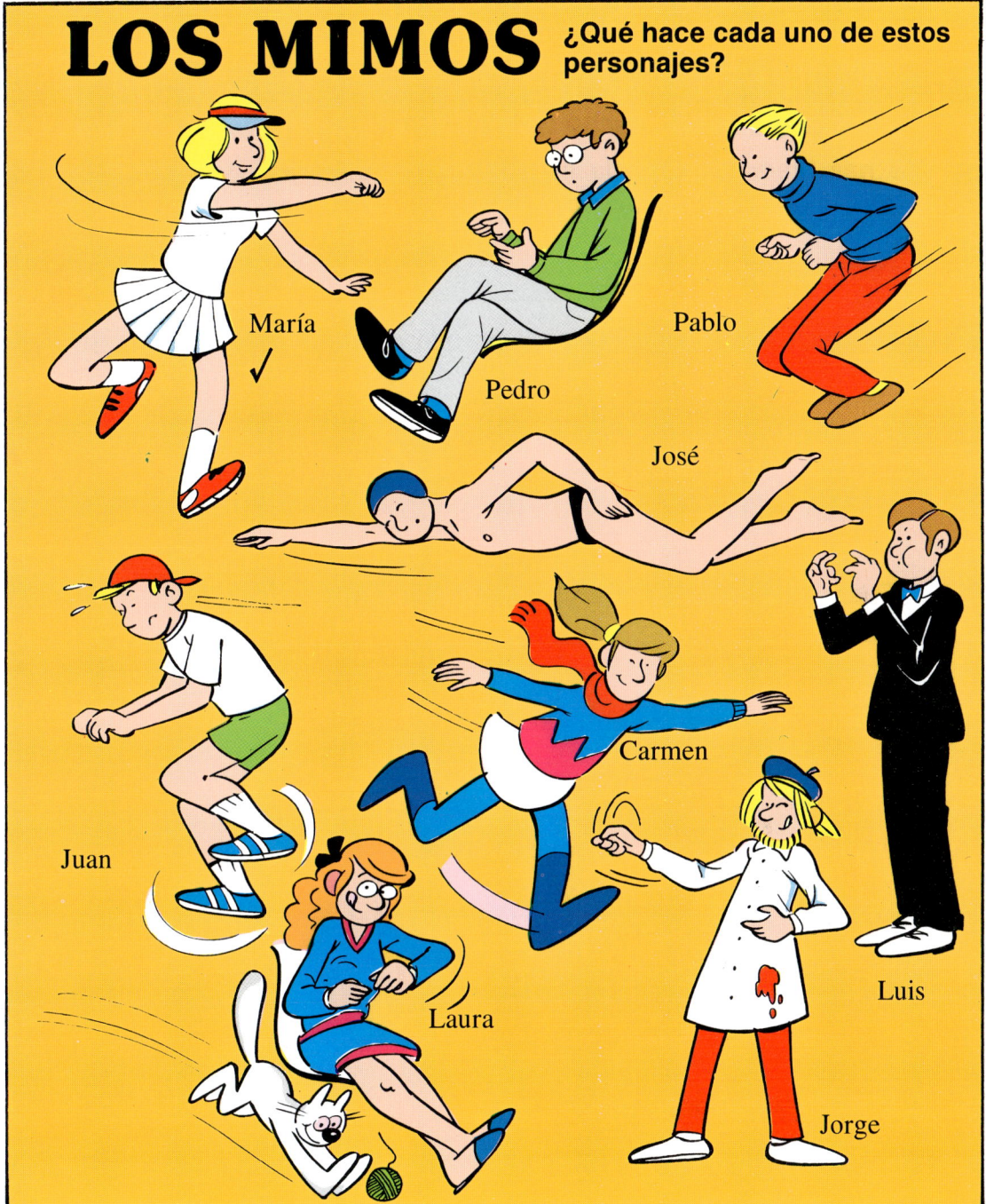

María, Pedro, Pablo, José, Juan, Carmen, Laura, Jorge, Luis

María ...JUEGA AL TENIS............

Pedro ....

Pablo ....

José ....

Juan ....

Carmen ....

Luis ....

Laura ....

Jorge ....

69

¿TIENES BUENA MEMORIA?

¿Te has fijado bien en la escena de las páginas 66 y 67? Pues entonces di si es verdadero o falso.

	V	F
1. La chica está haciendo una fotografía a una flor	☐	☒
2. La abuela está haciendo punto	☐	☐
3. Fuera, dos señores están jugando al ajedrez	☐	☐
4. El niño está leyendo en el salón	☐	☐
5. Algunos niños están jugando al balón	☐	☐
6. El niño está viendo la televisión en su habitación	☐	☐
7. El padre colecciona sellos	☐	☐
8. Dos niños están jugando al ajedrez	☐	☐
9. Fuera hay un niño que está observando los pájaros	☐	☐

¡QUÉ LÍO DE LETRAS!

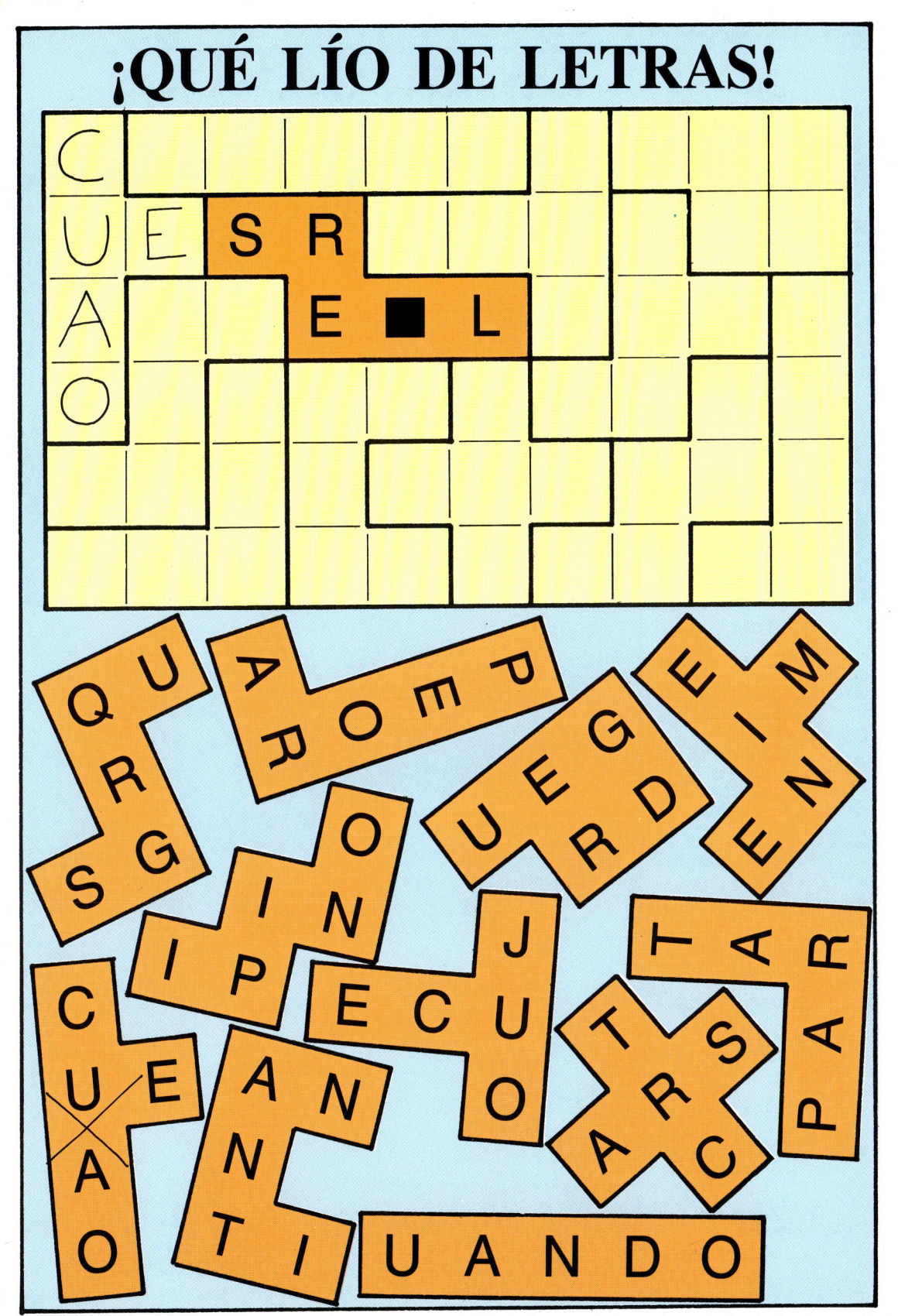

EN EL JARDÍN

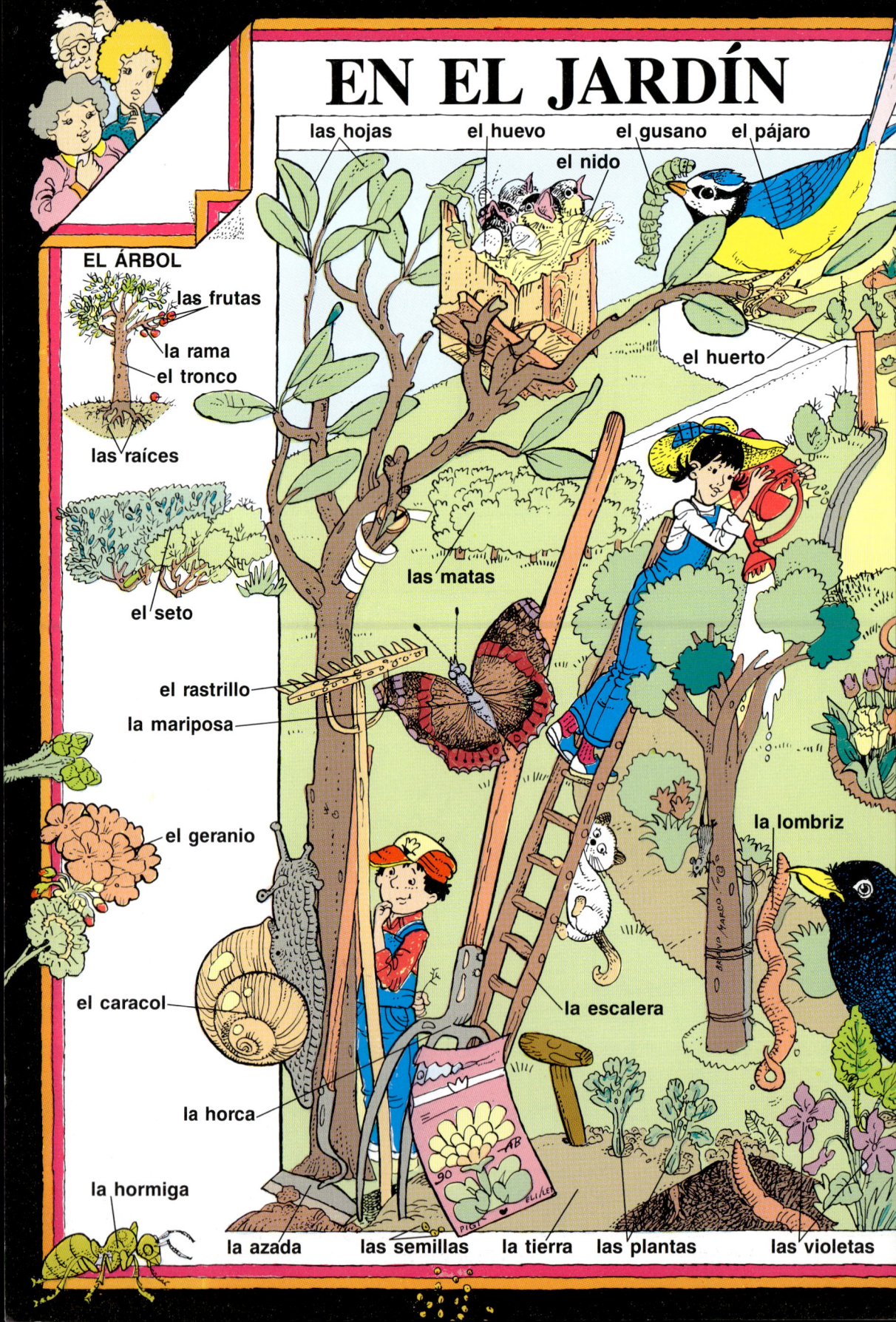

- las hojas
- el huevo
- el nido
- el gusano
- el pájaro
- el huerto
- las matas
- el rastrillo
- la mariposa
- la escalera
- la lombriz
- la azada
- las semillas
- la tierra
- las plantas
- las violetas
- la horca
- la hormiga
- el caracol
- el geranio
- el seto
- las raíces

EL ÁRBOL
- las frutas
- la rama
- el tronco

En esta página hay un ratoncito. ¿Eres capaz de encontrarlo?

- la abeja
- la verja
- el banco
- la valla
- el cortacésped
- el invernadero
- la hierba
- la manguera
- el macizo de flores
- la flor
- el césped
- los tulipanes
- las tijeras de podar
- la regadera
- la zapa
- la pala
- la margarita
- el pulverizador
- la rosa

EL JARDÍN DE SABINA

EL JARDÍN, LETRA A LETRA

4 LETRAS
☐ rama ☐ pala ☐ rosa

5 LETRAS
☐ banco ☐ horca ☐ matas

6 LETRAS
☐ césped ☒ huerto ☐ tierra
☐ tronco

7 LETRAS
☐ caracol ☐ geranio ☐ lombriz

8 LETRAS
☐ escalera ☐ manguera ☐ regadera
☐ violetas

9 LETRAS
☐ rastrillo ☐ tulipanes

10 LETRAS
☐ margaritas

11 LETRAS
☐ invernadero ☐ cortacesped

12 LETRAS
☐ pulverizador

75

HISTORIA DE UN ÁRBOL

Con la ayuda de los dibujos, pon en orden las siguientes frases.

A. El árbol está cargado de fruta. ....7........

B. Nacen las primeras hojas. ....

C. María echa la semilla en la tierra. ....

D. El árbol está en flor. ....

E. La planta ya ha crecido. ....

F. De la semilla comienzan a salir las primeras raíces. ....

G. La fruta está madura y ya se puede recoger. ....

H. Ya se ha convertido en un árbol con tronco y ramas. ....

CADA UNO EN SU SITIO

☒ abejas ☐ árbol ☐ azada ☐ banco ☐ césped ☐ geranios ☐ gusanos ☐ hierba ☐ horca ☐ hormigas ☐ lombrices ☐ margaritas ☐ mata ☐ pájaros ☐ pala ☐ rastrillo ☐ rosas ☐ tulipanes ☐ violetas ☐ zapa

UTENSILIOS

FLORES

JARDÍN

ANIMALES

abejas

LA FIESTA EN EL JARDÍN

los discos

el tocadiscos

el helado

el regalo

la tarta

la empanada

los canapés

los caramelos

la madre

el padre

la abuela

el perro

- el hermano
- la hermana
- la prima/el primo
- los bombones
- las galletas
- los plátanos
- las manzanas
- el gato
- los globos
- las naranjas
- los niños
- las patatas fritas
- las bebidas
- los cacahuetes
- el abuelo
- la tía
- el tío
- la cámara de fotos

TODOS EN FILA

Coloca en el esquema los nombres de los distintos personajes siguiendo el orden de los números. La letras sombreadas forman otra palabra muy relacionada con este tema.

* __ __ F __ __ __ __ __ __

SOPA DE LETRAS

```
B E P L A T A N O T I A
O G T I O O R E G A L O
M A D R E C L P E R R O
B T C A C A H U E T E S
O O A M A D E H A A B E
N S R A N I L E T M E M
E O A N A S A R S I B P
S M M Z P C D M E R I A
J I E A E O O A I P D N
A R L N S S R N F D A A
I P O A N G L O B O S D
D I S C O S O L E U B A
```

- ☒ abuelo ←
- ☐ bebidas ↓
- ☐ bombones ↓
- ☐ cacahuetes →
- ☐ canapés ↓
- ☐ caramelos ↓
- ☐ discos →
- ☐ empanada ↓
- ☐ fiesta ↑
- ☐ gatos ↓
- ☐ globos →
- ☐ helado ↓
- ☐ hermano ↓
- ☐ madre →
- ☐ manzana ↓
- ☐ perro →
- ☐ plátano →
- ☐ prima ↑
- ☐ primo ↑
- ☐ regalo →
- ☐ tía →
- ☐ tío →
- ☐ tocadiscos ↓

* El lugar más verde de la casa:

¡__ __ __ __ __ __ __ !

LAS PALABRAS PARTIDAS

| BOCA | + | DILLOS | =BOCADILLOS |

TAR BOCA ✓ NARAN
HELA EMPA CHOCO
BEBI PLÁTA GA CARA

MELOS TA NADA DILLOS ✓
LLETAS NOS LATE
JAS DO DAS

1. Bocadillos 2. .... 3. .... 4. .... 5. ....
6. .... 7. .... 8. .... 9. .... 10. ....

¿QUIÉNES SON? **Completa las frases.**

Felipe es mi ......padre......

Laura es mi ....

Juan es mi ....

Julio es mi ....

Teresa es mi ....

Manolo es mi ......tío......

Irene es mi ....

Carmen es mi ....

Andrés es mi ....

Elena es mi ....

NAVIDAD CON MÚSICA

- la música
- la trompeta
- los platillos
- el tocadiscos
- el disco
- el escenario
- las notas
- la partitura
- el atril
- el tambor
- el bombo
- la cinta
- los cascos
- el público
- los palillos
- la guitarra
- los teclados

el arpa

los altavoces

el trombón

el pianista

el batería

la cantante

el guitarrista

la batería

el micrófono

el compact disc

el saxofón

- ¿Sabes tocar algún instrumento?
- ¿Te gusta cantar?
- ¿Cuál de los instrumentos que ves en esta página te gusta más?

EL MUNDO DE LA MÚSICA

5 letras: ☐ atril ☐ bombo ☐ disco ☐ notas

6 letras: ☐ música ☐ cascos ☐ tambor

7 letras: ☐ saxofón ☒ batería ☐ trombón

8 letras: ☐ guitarra ☒ teclados ☐ cantante ☐ pianista ☐ escuchar ☐ trompeta

9 letras: ☐ partitura ☐ platillos ☐ micrófono ☐ altavoces ☐ concierto

10 letras: ☒ tocadiscos

EL DIÁLOGO INCOMPLETO

A CADA UNO LO SUYO

Elige la frase correcta y completa la historia.

—¿Está todo preparado para el concierto?
—Ya han llegado los instrumentos.

—Yo soy el guitarrista.
A. Aquí está su guitarra.

B. ....
—Sí, déme los tambores.

—Soy Carlos, el pianista.
C. ....

—¿Y esto?
D. ....

—¿Y para el cantante?
E. ....

1. Éstos son sus teclados.
2. Aquí traigo un buen grupo de fans.
3. El saxofón lo toco yo.
4. ~~Aquí está su guitarra.~~
5. ¿Es usted el batería?

EL INTRUSO

Descubre cuál es el elemento intruso de cada grupo. Las iniciales de estas palabras «extrañas» te darán la solución del enigma.

CANTANTE	GUITARISTA	PALILLOS	PIANISTA
ARPA	ALTAVOZ	MICRÓFONO	TOCADISCOS
BOMBO	NOTAS	PLATILLOS	TAMBOR
ALTAVOZ	CASCOS	DISCO	MICRÓFONO
ARPA	ESCENARIO	GUITARRA	TROMPETA
ATRIL	NOTAS	PARTITURA	TROMBÓN
ALTAVOZ	CINTA	COMPACT-DISC	DISCO

* Es un instrumento típico de la Navidad en España

* P _ _ _ _ _ R E _ _

EL MENSAJE SECRETO

Para descifrar el mensaje secreto tienes que sustituir los números por letras de acuerdo con la clave.

¡21.18.12.- 16.21.22.16.2.6! - 25.2.6 - 22.1.6.7.5.8.26.18.1.7.2.6. - 18.6.7.14.1 - 14.19.22.1.14.17.2.6 - 12 - 1.2.6.2.7.5.2.6 - 12.14 - 18.6.7.14.26.2.6 - 3.5.18.3.14.5.14.17.2.6 - ¡9.14.22.6. - 14 - 9.18.5 - 4.8.18 - 26.8.6.22.16.14!

1	N	14	A
2	O	15	B
3	P	16	C
4	Q	17	D
5	R	18	E
6	S	19	F
7	T	20	G
8	U	21	H
9	V	22	I
10	W	23	J
11	X	24	K
12	Y	25	L
13	Z	26	M

¡HEY,

PREPARÁNDONOS PARA SALIR

- los sombreros
- la cazadora
- el pañuelo para la cabeza
- los guantes
- el vestido
- la bata
- la corbata
- la camisa
- la chaqueta
- el traje
- los pantalones
- la alfombra
- la gabardina
- las medias

- la bufanda
- el chándal
- la blusa
- los jerseys
- el pijama
- el bolso
- la ropa interior
- los calcetines
- las zapatillas
- el cinturón
- la falda
- los zapatos
- el paraguas
- el albornoz

¿TIENES BUENA MEMORIA?

¿Te has fijado bien en la escena de las páginas 90 y 91? Pues entonces di si es verdadero o falso.

	V	F
1. La niña lleva un albornoz	☐	☒
2. El abuelo se está poniendo una gabardina	☐	☐
3. Sólo hay un paraguas en toda la casa	☐	☐
4. La abuela lleva unas medias rojas	☐	☐
5. El chico se está poniendo la corbata	☐	☐
6. Alguien está pisando la alfombra	☐	☐
7. El niño todavía lleva puesto el pijama	☐	☐
8. Hay un sombrero sobre el sofá	☐	☐
9. El abuelo lleva sombrero	☐	☐
10. Hay un vestido en el suelo	☐	☐
11. La niña está preparada para ir a la escuela	☐	☐
12. La puerta está abierta	☐	☐

¿QUIÉN ES QUIÉN?

Lee atentamente las frases y adivina de quién estamos hablando.

Cora cree que va a llover.

Ana nunca sale sin sus guantes.

Teresa lleva unas medias rojas.

Héctor siempre va vestido de blanco.

Manolo lleva su vieja gabardina.

Juan tiene una cazadora.

Nacho va siempre con corbata.

Carmen lleva una bufanda.

1. Teresa
2. ....
3. ....
4. ....
5. ....
6. ....
7. ....
8. ....

ESTÁ LLOVIENDO

¿Qué me puedo poner?

1. .... botas ....
2. ....
3. ....
4. ....
5. ....

¿QUÉ NOS PONEMOS?

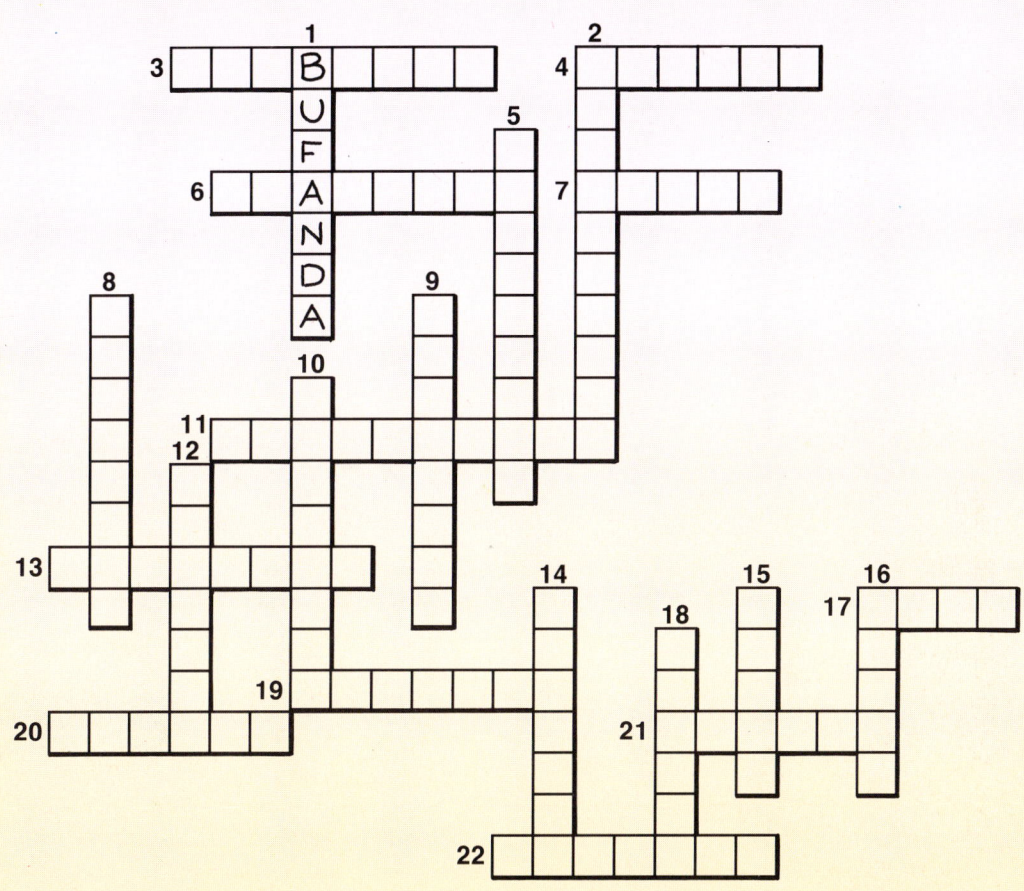

4 LETRAS
☐ bata

5 LETRAS
☐ blusa ☐ falda ☐ traje

6 LETRAS
☐ camisa ☐ jersey ☐ medias
☐ pijama

7 LETRAS
☒ bufanda ☐ corbata ☐ guantes
☐ vestido ☐ zapatos

8 LETRAS
☐ albornoz ☐ cazadora ☐ cinturón
☐ chaqueta ☐ paraguas ☐ sombrero

9 LETRAS
☐ gabardina

10 LETRAS
☐ calcetines ☐ pantalones

SOLUCIONES

Página 8: Disfruta del campo y mantenlo limpio.
Página 9: 1. bosque, 2. pájaro, 3. colina, 4. aldea, 5. lago, 6. árbol, 7. puente, 8. flor, 9. río.
Página 10: A7, B2, C5, D1, E4, F8, G6, H3.
Página 11: bosque, aldea, río, colina, asiento, servilleta: *barcas*.
Página 14: 1. falso, 2. falso, 3. verdadero, 4. falso, 5. verdadero, 6. verdadero, 7. falso, 8. verdadero, 9. verdadero, 10. verdadero, 11. falso, 12. verdadero.
Página 15: *Blanco:* gaviota, olas. *Rojo:* sombrilla, estrella de mar. *Amarillo:* sol, playa. *Azul:* mar, colchoneta. *Marrón:* escollo, barca. *Naranja:* caracola, toalla. *Verde:* aletas, flotador.
Página 16: 1. hamaca, 2. sombrilla, 3. toalla, 4. mar, 5. cabina, 6. gafas de sol, 7. gafas de bucear, 8. isla, 9. escollo, 10. estrella de mar, 11. ola, 12. faro, 13. bañadores, 14. aletas, 15. caracolas, 16. cangrejo, 17. gaviota, 18. pez: *tomar el sol*.
Página 17: La estrella de mar.
Página 20: Los niños están haciendo un muñeco de nieve. / ¡Mira! Hay una ardilla sobre esa rama. / Roberto está jugando al ajedrez con papá. / ¿Dónde están mis esquíes? / Aquí hace calor, la chimenea está encendida. / Fuera hace frío, ponte los guantes. / No sé esquiar, así que cojo el trineo.
Página 21: topo, trineo, esquíes, guantes, nube, chimenea, ardilla, bastones, gafas, refugio.
Página 22: 1. ajedrez, 2. chimenea, 3. guantes, 4. cartas, 5. todoterreno, 6. gafas de sol, 7. esquiador, 8. periodico, 9. esquíes, 10. montaña, 11. muñeco de nieve, 12. bastones, 13. nieve, 14. trineo, 15. botas.
Página 23: *En el refugio:* bar, barra, chimenea, taburete. *Al aire libre:* esquiador, montaña, muñeco de nieve, nieve. *Animales:* águila, ardilla, cuervos, San Bernardo. *Juegos:* ajedrez, cartas, dados, damas.
Página 26: el cuenco, la cesta, el cachorro, la correa, el bozal, el collar, la perrera, el dueño, el perro, el cepillo.
Página 27: El perro juega con el gato.
Página 28: 1. serpiente, 2. perro, 3. tortuga, 4. conejo, 5. papagallo, 6. gato, 7. pajaro, 8. mono, 9. cacatúa, 10. periquito, 11. hamster, 12. canario.
Página 29: María tiene un gato. Pablo tiene un perro. Marco tiene un papagallo. Carmen tiene una cacatúa.
Página 32: En el cuarto de baño. En el dormitorio. En el cuarto de estar. En la cocina. En el tejado. En el balcón. En el jardín. En el garaje.
Página 33: En mi casa nos gusta mucho juntarnos por la noche delante de la chimenea.
Página 34: 1. tostador de pan, 2. plato, 3. cucharilla, 4. tocadiscos, 5. taza, 6. televisor, 7. cuchara, 8. cuchillo, 9. tazón, 10. lámpara, 11. hervidor eléctrico, 12. tenedor, 13. plato pequeño, 14. sofá, 15. sillón.
Página 35: *La casa:* puerta, chimenea, tejado, ventana. *En el jardín:* banco, césped, coche, perro. *En la cocina:* fregadero, frigorífico, horno, tenedor. *En el salón:* alfombra, sofá, cuadro, sillón.
Página 38: 1. bote, 2. jarra, 3. plato, 4. cacerola, 5. sartén, 6. tapa, 7. taza, 8. copa, 9. botella, 10. cuchara, 11. tenedor, 12. cuchillo, 13. cucharilla, 14. tostador, 15. tetera, 16. batidora: *el congelador*.
Página 39: 1. no, 2. sí, 3. sí, 4. sí, 5. no, 6. sí, 7. no, 8. sí, 9. sí, 10. no, 11. no.
Página 40: A. sacacorchos, B. taza, C. cuchillo, D. cacerola, E. plato. / Miel, pescado, zanahoria, queso.
Página 41: 1. sacacorchos, 2. botellas, 3. sartén, 4. cuchillo, 5. copa, 6. vaso, 7. tetera, 8. exprimidor, 9. tijeras, 10. cuchara, 11. tapa, 12. tostador.
Página 44: balanza, flores, fruta, lechuga, rosas, clavel, fresas, pescado, zanahoria, manzanas.
Página 45: *Flores:* clavel, margarita, rosa, tulipán. *Fruta:* cerezas, fresas, naranjas, plátanos. *Verdura:* judías verdes, lechuga, patatas, tomates. *Tiendas:* carnicería, floristería, frutería, pescadería.
Página 46: La fruta es salud.
Página 47: 1. zanahoria, 2. col, 3. balanza, 4. manzana, 5. clavel, 6. margarita, 7. cerezas, 8. patata, 9. pescado, 10. queso, 11. carne, 12. judías verdes, 13. pera, 14. tulipán, 15. rosa.
Página 50: 1. Para ir al cine, coge el metro. 2. ¡Vamos al cine! Esta tarde hay una película muy buena. 3. Yo siempre voy a hacer la compra al supermercado. 4. Vamos a reservar una mesa en el restaurante. 5. La casa de Nuria está cerca del museo. 6. Héctor me espera delante de la iglesia. 7. Justo enfrente del cine hay una fuente.
Página 51: Barcelona.
Página 52: Marcos está en la escuela. Lucía y Juan están en el restaurante. Paulina y Luisa están en el supermercado. Ana está en su casa.

Hugo, Lucas y María están en el cine. Hay un ladrón en el banco. El marciano está en la oficina de correos. Pedro está en la tienda de juguetes. El señor Pérez está en la fábrica.

Página 53: 1. cine, 2. calle, 3. farola, 4. fuente, 5. monumento, 6. mercado, 7. torre, 8. hospital, 9. castillo, 10. casa, 11. fábrica, 12. oficina de correos, 13. plaza, 14. iglesia, 15. banco.

Página 56: 1. falso, 2. verdadero, 3. verdadero, 4. falso, 5. verdadero, 6. falso, 7. falso, 8. verdadero, 9. verdadero, 10. falso, 11. verdadero, 12. verdadero.

Página 57: 1. todoterreno, 2. bicicleta, 3. coche, 4. ambulancia, 5. camión, 6. autobús, 7. moto, 8. roulotte, 9. camper, 10. camión de bomberos, 11. taxi, 12. furgoneta, 13. tractor, 14. camión cisterna.

Página 58: 1. bomberos, 2. semáforo, 3. casco, 4. roulotte, 5. ambulancia, 6. estación de servicio, 7. curva, 8. paso de cebra, 9. policía, 10. guardia, 11. túnel, 12. coche.

Página 59: Aquí el agente secreto BMW. Estoy siguiendo una moto roja que está siguiendo una furgoneta verde y un autobús amarillo me está siguiendo a mí.

Página 62: 1. j, 2. m, 3. d, 4. i, 5. f, 6. h, 7. c, 8. b, 9. g, 10. a, 11. n, 12. e, 13. ñ, 14. k, 15. l.

Página 63: 1. secretaria, 2. mecánico, 3. ingeniero, 4. veterinario, 5. agricultor, 6. camarero, 7. ama de casa, 8. encargado de la gasolinera, 9. cartero, 10. conductor, 11. bombero, 12. cocinero, 13. peluquera, 14. peluquero, 15. médico.

Página 64: Todo el mundo a trabajar.

Página 65: 1. al mecánico, 2. a los bomberos, 3. al dentista, 4. al veterinario, 5. al fontanero, 6. a la modista, 7. al médico, 8. al peluquero.

Página 68: 1. esquiar, 2. correr, 3. cartas, 4. jugar, 5. tocar, 6. fotografías, 7. pintar, 8. fútbol, 9. hacer punto, 10. patinar, 11. cromos, 12. nadar, 13. sello, 14. bicicleta, 15. descansar, 16. escribir, 17. voleibol, 18. pájaros, 19. tenis, 20. ajedrez, 21. televisión, 22. leer, 23. caballo, 24. dibujar, 25. observar.

Página 69: María juega al tenis, Pedro lee un libro, Pablo esquía, José nada, Juan monta en bicicleta, Carmen patina, Luis come, Laura hace punto, Jorge pinta.

Página 70: 1. falso, 2. verdadero, 3. falso, 4. falso, 5. verdadero, 6. falso, 7. verdadero, 8. falso, 9. falso.

Página 71: Cuando juegues, recuerda que lo importante no es ganar sino participar.

Página 74: 1. flores, 2. rama, 3. semillas, 4. azada, 5. plantas, 6. verja, 7. pájaro, 8. manzana, 9. pala.

Página 75: 1. huerto, 2. geranio, 3. manguera, 4. tierra, 5. lombriz, 6. escalera, 7. rastrillo, 8. invernadero, 9. tulipanes, 10. margaritas, 11. rosa, 12. rama, 13. cortacésped, 14. horca, 15. tronco, 16. pala, 17. caracol, 18. pulverizador, 19. matas, 20. regadera, 21. césped, 22. banco, 23. violetas.

Página 76: A7, B3, C1, D6, E4, F2, G8, H5.

Página 77: *Utensilios:* azada, horca, pala, rastrillo, zapa. *Flores:* geranios, margaritas, tulipanes, violetas, rosas. *Jardín:* árbol, césped, hierba, mata, banco. *Animales:* abejas, gusanos, hormigas, lombrices, pájaros.

Página 80: 1. abuelo, 2. prima, 3. tía, 4. hermano, 5. tío, 6. abuela, 7. primo, 8. hermana, 9. padre, 10. madre, 11. niños, 12. bebé: *La familia.*

Página 81: ¡El jardín!

Página 82: 1. bocadillos, 2. tarta, 3. helado, 4. bebidas, 5. empanada, 6. plátanos, 7. galletas, 8. naranjas, 9. chocolate, 10. caramelos.

Página 83: Felipe es mi padre, Laura es mi madre, Juan es mi primo, Julio es mi abuelo, Teresa es mi hermana, Manolo es mi tío, Irene es mi tía, Carmen es mi prima, Andrés es mi hermano, Elena es mi abuela.

Página 86: 1. tambor, 2. escuchar, 3. concierto, 4. tocadiscos, 5. cantante, 6. cascos, 7. notas, 8. pianista, 9. micrófono, 10. partitura, 11. platillos, 12. guitarra, 13. trompeta, 14. altavoces, 15. atril, 16. música, 17. saxofón, 18. bombo, 19. batería, 20. disco, 21. teclados, 22. trombón.

Página 87: A4, B5, C1, D3, E2.

Página 88: palillos, arpa, notas, disco, escenario, trombón, altavoz: *pandereta.*

Página 89: ¡Hey, chicos! Los instrumentos están afinados y nosotros ya estamos preparados ¡Vais a ver qué música!

Página 92: 1. falso, 2. verdadero, 3. falso, 4. falso, 5. verdadero, 6. verdadero, 7. falso, 8. verdadero, 9. falso, 10. falso, 11. falso, 12. falso.

Página 93: 1. Teresa, 2. Juan, 3. Carmen, 4. Cora, 5. Nacho, 6. Héctor, 7. Manolo, 8. Ana.

Página 94: 1. botas, 2. bufanda, 3. guantes, 4. gabardina, 5. jersey.

Página 95: 1. bufanda, 2. pantalones, 3. sombrero, 4. pijama, 5. gabardina, 6. chaqueta, 7. traje, 8. paraguas, 9. cinturón, 10. albornoz, 11. calcetines, 12. guantes, 13. cazadora, 14. vestido, 15. falda, 16. blusa, 17. bata, 18. camisa, 19. zapatos, 20. jersey, 21. medias, 22. corbata.